COLLECTION FOLIO

Isabelle Autissier
Erik Orsenna
de l'Académie française

Passer par le Nord

La nouvelle route maritime

Gallimard

Isabelle Autissier est ingénieur halieute, première femme à avoir accompli un tour du monde à la voile en solitaire, écrivain, conteuse et chroniqueuse. Elle est présidente de la fondation WWF France.

Erik Orsenna est écrivain, économiste et membre de l'Académie française.

ÉLOGE DE L'ÉDITEUR

Il y a des « Africains », je veux dire des hommes, des femmes à peau blanche, nés généralement en Europe mais qui ne se sentent chez eux qu'une fois rejoint le sud du Sahara. De même, il y a des « Asiatiqucs » qui ne jurent que par la Thaïlande et ses femmes faussement douces, la Chine et le vertige de sa culture, l'Inde et la foule de ses dieux. Il y a des « Latinos » nostalgiques de la révolution cubaine ou prédateurs de petits culs brésiliens.

La patrie de notre éditeur, c'est le froid. Les hautes latitudcs. Entre 60° Nord et le pôle Nord. Entre 60° Sud et le pôle Sud. Entre ces deux cercles, il s'ennuie. Sauf quand il escalade une montagne. Car l'altitude mène au froid. Un sommet est une sorte d'extrémité, une espèce de pôle.

Normalement, c'est lui qui devrait raconter ses deux pays du froid. Car personne ne les connaît mieux.

Mais cet homme du froid préfère se taire.

Sans doute une habitude de la marche dans les régions hostiles qu'il affectionne : contre le vent glacé, il vaut mieux fermer la bouche sous peine de voir sa langue devenir bleue. De toute manière, là-bas, les paroles gèlent comme dans Rabelais.

C'est pour cela que nous nous sommes mis à écrire. Mais sous sa vigilance.

C'est pour cela qu'il est éditeur, pour que d'autres écrivent tandis que lui continue à se taire. Parce qu'il est généreux, et pas seulement taiseux.

C'est pour cela que nous l'avons choisi, parce que nous sommes aussi, moins que lui mais tout de même, quoique de La Rochelle et d'origine cubaine, d'abord des gens du froid.

C'est pour cela et pour bien d'autres raisons que nous te remercions, notre éditeur : Christian de Marliave.

PREMIÈRE PARTIE

Par le grand bout de la lorgnette

I

DES ROUTES ET DES PASSAGES

En mer, les routes se font discrètes. Pas de ligne jaune au milieu, pas de platanes le long des bas-côtés. Et pourtant de véritables voies existent, que suivent les bateaux depuis des siècles.

Certaines routes maritimes sont des cadeaux du vent. Ainsi les alizés, qui soufflent avec une grande régularité (alizé vient du mot « lisse »). Dans l'Atlantique Nord, ils vous poussent sans effort des Canaries jusqu'aux Antilles. De même, deux moussons ont réglé depuis toujours le rythme du commerce dans l'océan Indien. En été, les boutres partis d'Afrique de l'Est ou d'Arabie gagnaient l'Inde en profitant de forts vents du sud-ouest. Ils revenaient en hiver lorsque les vents s'inversaient, soufflant désormais du nord-est grâce à l'anticyclone de Sibérie dont nous vous raconterons l'histoire une autre fois.

D'autres routes sont des fleuves dans la mer, autrement dit des courants. Le Gulf Stream, par exemple, qui naît dans le golfe du Mexique, vous emporte d'abord vers le nord, le long des côtes américaines, avant de vous diriger vers l'est. C'est un autre courant, l'Équatorial, qui vous reconduira à votre point de départ caraïbe. Sans la connaissance, même fragmentaire, de cette « courbe », jamais Christophe Colomb, avec ses caravelles, n'aurait réussi à traverser l'Atlantique.

D'autres routes encore sont l'œuvre des hommes. Gloire aux explorateurs : ils ouvrent des chemins. Tout au long du XVe siècle, d'innombrables bateaux, partis du Portugal, longèrent l'interminable continent africain, désespérant d'en atteindre l'extrémité. Enfin, Vasco de Gama doubla en 1498 le cap dit d'abord des Tempêtes avant de devenir de Bonne-Espérance. Il permettait d'atteindre les pays des épices en évitant les périls des itinéraires terrestres. De même, Magellan découvre en 1520 le détroit qui porte son nom et qui relie l'Atlantique au Pacifique.

N'oublions pas ceux qui financent les expéditions. Les marins-explorateurs veulent découvrir, eux veulent commercer. Les uns sont tenaillés par la curiosité, ce désir irrépressible d'aller voir de l'autre côté de l'horizon. Les autres sont poussés par l'esprit d'entreprise, le besoin de toujours élargir le champ de leurs activités. C'est souvent leur alliance qui fit progresser en même temps la connaissance du monde et la dynamique de son économie.

Hommage aussi aux ingénieurs. Les gens de cette sorte ne se laissent pas arrêter. Ils n'aiment rien tant que jeter des ponts sur l'infranchissable ou percer des isthmes plutôt que de les contourner. Ainsi Ferdinand de Lesseps qui ouvre le canal de Suez en 1869 avant de se lancer à l'assaut du Panamá…

Ces parcours découverts, encore faut-il les faire vivre. Gloire aux marins qui ont le courage de les emprunter, jour après jour, été comme hiver, malgré les tempêtes. Quand on a navigué dans les parages, on comprend le respect que méritent les cap-horniers.

Une dernière catégorie de voies naît du climat. Bonne nouvelle : les glaces, en fondant, ouvrent entre les continents d'autres passages plus directs et moins coûteux. Mauvaise nouvelle : ces facilités sont les conséquences de dérèglements profonds, liés à l'activité des hommes.

Avant de monter à bord, quelques petites précisions de vocabulaire peuvent sembler nécessaires.

Pas de géographie sans mots pour dire la Terre. Et pas de mots sans idées derrière la tête.

Il fut un temps, très long, où l'Europe se pensait centre du monde. Tout voyage commençait par elle. Et ses navigateurs découvraient les autres parties de la planète comme si elles les avaient attendus pour sortir du néant.

En conséquence, un bateau parti de Dieppe, Londres ou Amsterdam et qui tournait à droite après avoir remonté toute la côte de Norvège cherchait à emprunter, entre la banquise et la Russie, le passage dit du *Nord-Est*.

Tandis que tout bateau choisissant la direction

opposée s'affrontait au passage du *Nord-Ouest*, celui qui serpente parmi les glaces du Canada.

Si Pékin remplace un beau jour Greenwich comme point de départ des méridiens, le passage dit du Nord-Est sera à son ouest et le parcours canadien ira vers l'est.

C'est ainsi que mieux vaut parler de routes maritimes du Nord car l'avantage de ce nord, nul ne le conteste, c'est qu'il domine tout le monde.

Et ces routes sont plus nombreuses qu'on ne le croit.

La première route du Nord sera un cauchemar pour la planète et une bénédiction pour les armateurs : passant directement par le pôle, elle offrira le chemin le plus court entre l'Amérique, l'Europe et l'Asie. Mais son ouverture supposera que l'entièreté de la banquise estivale ait fondu. Cette route-là, pour l'instant, demeure impossible. Mais n'oublions pas que pas à pas, tonne après tonne de CO_2, nous nous en approchons.

La deuxième route, celle du Canada, n'a pas (encore ?) d'existence économique. Les scientifiques et quelques plaisanciers la connaissent. Mais durant toute l'année 2013, un seul cargo, un charbonnier, s'y est aventuré.

La troisième route est celle que nous allons, en votre compagnie, explorer. Sa réalité ne peut plus être ignorée. En 2013, profitant de la fonte des glaces, 71 bateaux sont passés d'Asie en Europe par le nord.

Comment évaluer l'importance véritable, présente et future, de cette nouvelle voie ?

Bouleversement du trafic maritime mondial ou simple itinéraire de substitution, tributaire des facéties du climat et des particularités de l'administration russe (lenteur, incohérence et rapacité) ?

Risque contrôlé ou fuite en avant, au mépris des équipages, au grand dédain de la nature, ici plus fragile qu'ailleurs ?

Il y a dix ans, nous avions salué le Grand Sud.

Nous voici dans le Grand Nord.

Dernière question.

Qu'est-ce que l'Arctique ?

À chacun sa définition.

Pour les uns, c'est l'espace au-dessus du cercle polaire (66° 33').

Pour d'autres, ce sont les terres toujours gelées (le pergélisol) ou bien la région située au nord de la ligne, dite de Koppen, tracée par l'isotherme 10 °C du mois de juillet. On notera qu'avec le réchauffement climatique, l'Arctique, tel qu'ainsi défini, se réduit comme peau de chagrin.

Pour d'autres encore, c'est l'au-delà des arbres. Et une communauté de destin pour des peuples, des hommes et des femmes en lutte contre la glace et le froid.

Allez, il est temps d'embarquer. Prenons la route maritime du Nord, qui est aussi une remontée dans le temps.

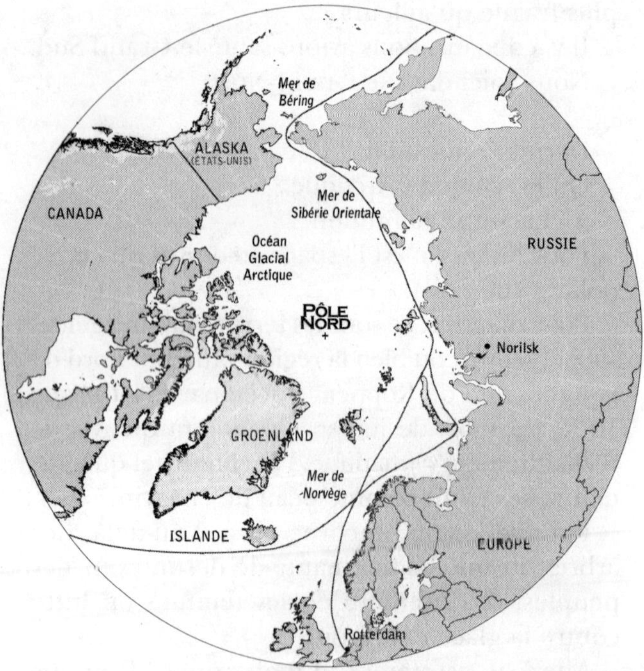
Mer de Béring
ALASKA
(ÉTATS-UNIS)
CANADA
Mer de Sibérie Orientale
Océan Glacial Arctique
RUSSIE
PÔLE NORD
Norilsk
GROENLAND
Mer de Norvège
ISLANDE
EUROPE
Rotterdam

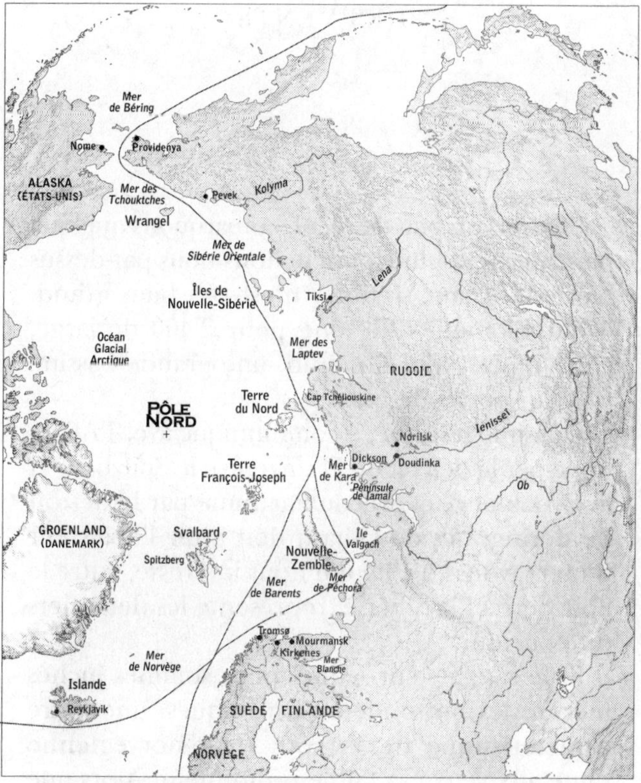

Routes maritimes du Nord-Est.

II

DES GLACES, DES COURANTS, DES VENTS

Prenons un peu de recul, embarquons quelque part sur un satellite et penchons-nous par-dessus bord. L'océan Arctique n'est pas bien grand. 4 000 kilomètres de long pour 2 400 de large, c'est le plus petit des cinq, une grande bassine avec un noyau de glace.

Quasiment fermé, il communique avec l'Atlantique par le détroit de Fram, entre le Spitzberg et le Groenland, et avec le Pacifique par le détroit de Béring, qui de là-haut doit avoir l'épaisseur d'un crayon. La côte qui nous intéresse, entre le Spitzberg et la Sibérie, représente les deux tiers du pourtour.

Si le satellite sur lequel nous sommes juchés mesure les profondeurs océaniques, une autre caractéristique de la côte russo-norvégienne saute aux yeux : sa faible profondeur. Alors que le centre de l'Arctique est occupé par un bassin profond (entre 2 000 et 4 000 mètres), toute la mer de Barents ne descend que vers 200 à 300 mètres, et loin au large de la Sibérie ce ne sont que des fonds de 50 mètres. Côté canadien, au contraire, le plateau continental descend rapidement aux alentours de 500 mètres avec, seul, un fin liseré peu profond sur la côte nord de l'Alaska. Ces faibles profondeurs de l'ensemble Barents/passage du Nord-Est/Béring vont avoir des conséquences majeures sur l'écologie, l'économie et l'avenir de cette zone.

Comment fonctionnent les courants de notre grande bassine polaire ? C'est un gigantesque engrenage, avec un pignon côté canadien dit « gyre de Beaufort » et un autre côté russe. Le premier récupère les eaux froides du fleuve Mackenzie et celles, tiédasses, qui arrivent du Pacifique par le détroit de Béring. Il les entraîne dans le sens des aiguilles d'une montre. Le second reçoit les eaux chaudes de la branche du Gulf Stream dite « dérive nord-atlantique » et celles, glaciales, des puissants fleuves sibériens, et les embarque dans le sens antihoraire. Résultat : les deux pignons s'engrènent au milieu de l'océan Arctique, le long de la « dérive transpolaire ». C'est ainsi que la quasi-totalité des eaux du Grand Nord se retrouve recrachée le long de la côte est du Groenland, dans le détroit de Fram, véritable autoroute pour icebergs.

Toutefois, les deux gyres sont loin d'être symétriques. Côté Alaska et Tchoukotka, l'alimentation en eaux tièdes par le détroit de Béring participe grandement au réchauffement de l'Est sibérien, mais peu à celui de l'Ouest américain. C'est pourquoi, la côte canadienne voit toutes les plus vieilles glaces de l'Arctique s'accumuler le long de ses mille îles, rendant la navigation particulièrement périlleuse. Côté Norvège et Russie, la « dérive nord-atlantique » est dix fois plus puissante que le courant provenant de Béring et nettement plus chaude. Elle va maintenir la côte russo-norvégienne exempte de glace jusqu'au large de Mourmansk, même au cœur de l'hiver. Le long de la Sibérie, l'Ob, l'Ienisseï, la Lena et la Kolyma, qui sont parmi les plus grands fleuves du monde, vont en été et en automne favoriser les mouvements des glaces vers le large, contribuant à dégager le passage.

Des eaux plus mélangées, de faible profondeur, des glaces moins abondantes et moins dangereuses : la géographie et l'océanographie ont pris la côte russe en affection. Biodiversité, pêche, exploitation pétrolière ou transit maritime, tout leur est plus facile.

À partir de fin septembre, l'étendue de la banquise progresse et va peu à peu isoler l'océan Arctique sous une bonne couverture de glace. Couverture est d'ailleurs un terme trop lénifiant pour décrire ce champ de bataille mis en mouvement par les courants sous-jacents. Les plaques de glace se chevauchent à grand bruit, se brisent, se heurtent, s'élevant en pyramides pour menacer les imprudents navires. Au-dessous règne le calme. L'océan est isolé des grands froids et des turbulences du vent. Les eaux lourdes de l'hiver (froides et salées) coulent dans les grands fonds pour amorcer la pompe des courants océaniques mondiaux.

Jusqu'aux années 1990, la banquise envahissait chaque année la totalité de la bassine arctique, soit 15 millions de kilomètres carrés. Au plus fort de la fonte, en septembre, environ la moitié subsistait en un noyau central, produisant au fil des ans des glaces de plus en plus épaisses. Ces glaces pluriannuelles, plus dures et plus translucides du fait de l'expulsion d'une partie des bulles d'air, finissent leur carrière sur la côte canadienne ou dans le détroit de Fram. Elles y deviennent de redoutables obstacles à la navigation comme a pu en témoigner l'insouciant *Titanic.*

La débâcle ne commence guère avant la fin du printemps, pour connaître son maximum en septembre. Elle est nettement plus précoce et plus étendue côté russe du fait de la « dérive nord-atlantique » et des faibles profondeurs plus aisées à réchauffer, alors que la côte canadienne se débat longtemps avec ses vieilles glaces.

La Sibérie semble donc favorisée du point de vue de l'hydrologie et du climat, mais il ne faut pas exagérer : ces faveurs ne sont que relatives. Entre 70° et 80° Nord, vous aurez droit à des hivers sombres (deux à quatre mois de nuit polaire), des températures qui descendent le plus souvent à – 30 °C, – 40 °C, et des tempêtes d'est et nord-est. Ne comptez pas trop sur l'été, vous seriez déçu. Certes, c'est le jour permanent, mais les brouillards dus aux remontées d'air du sud-ouest sont monnaie courante. Les eaux avoisinant 0 °C maintiennent une fraîcheur salutaire pour les morses et les ours, mais moins appréciée des hommes.

Globalement, ces régions sont parmi les plus inhospitalières pour l'espèce humaine. Elle s'y est malgré tout maintenue en petit nombre depuis près de 10 000 ans. Elle y a aujourd'hui des projets grandioses qui ne vont pas aller sans bouleverser le fragile équilibre dans lequel la nature a su entrer pour s'adapter à ces conditions drastiques.

III

PREMIER PORTRAIT DE LA ROUTE DU NORD-EST

Avouons une certaine paresse. Nous avons préféré nous laisser aller vers l'est, sur le cours tiède du Gulf Stream, plutôt que de batailler dans l'ouest, contre les vents dominants et la glace qui dégueule au large du Groenland. Avouons aussi que ce choix avait à voir avec notre insatiable curiosité pour un territoire infiniment moins connu et arpenté par les Européens que nous sommes. L'utile rejoint parfois l'agréable.

Pourtant, nos pères, en tout cas ceux de l'Église irlandaise avaient, dès le VIe siècle, situé le paradis à l'ouest. La « route des pierres » (Écosse, Féroé, Islande, Groenland) les a tôt menés en Amérique. Chemin faisant, assez de richesses furent trouvées pour occuper Vikings, pêcheurs de morue et de mammifères marins. Mais le monde change. Les dernières morues ont été pêchées à Saint-Pierre-et-Miquelon alors que les chalutiers grouillent encore en mer de Barents et de Béring. Chute du mur de Berlin, explosion de l'Asie du Sud-Est, réchauffement climatique ont ranimé le mythe d'un passage par le nord. À ce petit jeu, le Nord-Est et sa côte rectiligne sont plus tentants que le Nord-Ouest et son fouillis d'îles et de passages aussi étroits que peu profonds. La géographie a des invariants qui ont immanquablement guidé les choix des hommes.

Notre première frontière vers ce Nord-Est s'étend entre le cap Nord et le Spitzberg. Là, un plateau à – 200 mètres succède rapidement aux grandes profondeurs de l'Atlantique, c'est la mer baptisée Barents : il fallait bien rendre hommage à l'explorateur qui y perdit la vie. Une branche du Gulf Stream vient opportunément y mourir, assurant aux ports du continent de rester libres de glace toute l'année. Des masses d'eau et d'air aux températures variées assurent aux amateurs de coups de vent et de brouillard un séjour idyllique. Les tempêtes d'hiver sont particulièrement redoutables et encore mal prévisibles, compliquées par la nuit polaire.

La mer de Barents est le témoignage d'une mixité climatique et biologique, et de la diversité naît la richesse. Le mélange des eaux tièdes et salées venues de l'ouest avec celles douces et froides en provenance du nord permet au plancton de proliférer tôt en saison, pour le plus grand bonheur des poissons, phoques, baleines, ours et oiseaux, mais également des pêcheurs. La mer de Barents est devenue la patrie du cabillaud, du haddock et du capelan.

Les grands chalutiers seront donc nos premiers compagnons.

Les eaux ne connaissent pas de frontières. Les États, si. En mer de Barents, c'est sans rodomontades ni bruits de bottes que fut dessinée, en 2010 seulement, la ligne séparant la Norvège de la Russie. Il faut dire que des millions de barils de pétrole et surtout des centaines de gigamètres cubes de gaz venaient d'être découverts à 200 kilomètres au large du cap Nord, juste dans la zone qui faisait litige. Les deux États se sont hâtés vers un accord qui, seul, pouvait leur permettre une exploitation du sous-sol.

Quelques heures après la signature de cet opportun traité, la prospection sismique norvégienne commençait.

Quant à la partie sibérienne, son sous-sol, terrestre et maritime, renferme l'un des tout premiers stocks de gaz au monde.

Les navires pétroliers seront donc nos seconds compagnons.

La mer de Barents fonctionne en tout cas comme une porte entre l'ouest et l'est. Fermée pendant la période soviétique, elle est maintenant plus qu'entrouverte. Les ports norvégiens de Tromsø, Hammerfest et Kirkenes, le port russe de Mourmansk sont les derniers jalons viables avant les 6 000 kilomètres de désert sibérien. Ils entendent bien en tirer parti.

Chaussons nos bottes fourrées, ajustons nos chapkas, cap à l'est. Nous longeons l'entrée de la mer Blanche, puis la mer côtière de Péchora où Greenpeace s'est illustré en escaladant une plateforme pétrolière à la grande colère des Russes. Embouquons notre premier détroit entre l'île Vaïgach et celle de Nouvelle-Zemble ; nous voilà dans le premier grand bassin de la route du Nord-Est : la mer de Kara.

Ah, si la Nouvelle-Zemble n'avait pas étendu sa longue et haute virgule en travers de la dérive nord-atlantique, le sort de la mer de Kara aurait été tout autre ! L'environnement polaire commence.

Dans les faits et pour plusieurs raisons, il y a deux mers de Kara.

La partie ouest, semi-fermée par la courbure de la Nouvelle-Zemble, fonctionne comme un bassin de transition aux températures moins extrêmes que la partie est, largement ouverte sur les eaux polaires. Dans ce premier segment se situe la péninsule de Iamal, dont le nom va bientôt devenir aussi célèbre que celui de l'Arabie Saoudite et pour les mêmes raisons. Plus loin, les embouchures immenses de l'Ob et de l'Ienisseï, voies d'accès aux complexes miniers. Il faut tout acheminer ici, hommes, matériel, infrastructures.

La séquence de cet Ouest Kara se termine par le port de Dickson, sur la rive droite de l'Ienisseï. Fondé en 1915, nul ne sait pourquoi l'URSS lui a gardé ce nom d'impérialiste (l'un des financeurs de Nordenskjöld). Il accueillit jusqu'à 5 000 habitants quand la route du Nord-

Est était parcourue par les convois soviétiques. Dans les années 1990, la Russie est en déconfiture économique, le petit port n'est quasiment plus desservi, de rares navires y rouillent et les immeubles anciennement peints de couleurs guillerettes se lézardent. Quelques centaines de personnes y survivent en attendant les jours meilleurs promis par la réhabilitation de la voie du Nord.

Les navigateurs d'aujourd'hui se moquent des descriptions apocalyptiques des anciens. Dans cet Ouest Kara, la couverture de glace s'est réduite depuis vingt ans de 90 % en été et en automne, et de 50 % aux autres saisons. La révolution climatique est en marche, même si les instructions nautiques qualifient encore la navigation de « hasardeuse », en raison des brumes et des ouragans sévères. Le trafic maritime est possible toute l'année sous la surveillance des brise-glaces. Le passage est ouvert.

La carte de cette partie de la mer de Kara est également mouchetée de sites de prospection, essentiellement gazière. Les plateformes vont y fleurir un jour, même si pour le moment les réserves de la péninsule de Iamal, des mers de Péchora et de Barents sont accessibles à moindre coût et moindres dangers. Conséquence de ces activités terrestres et marines, la pollution y est massive et généralisée. Des fûts de matériaux radioactifs, voire des sous-marins à propulsion nucléaire, rouillent tranquillement dans les fonds au large de la Nouvelle-Zemble, en attendant que leur contenu dévastateur soit répandu par les courants.

Les fleuves Ob et Ienisseï, mais aussi les courants aériens, charrient des quantités considérables de métaux lourds (plomb, zinc, fer, manganèse, cuivre, nickel, cadmium) issus des mines en amont ainsi que des résidus pétroliers et des organochlorés. Les pipelines, quant à eux, occasionneraient 35 000 accidents par an. Officiellement, 300 sont répertoriés. On imagine (mal) l'effet désastreux sur les organismes vivants. Rien, ou quasiment, n'est fait à ce jour pour réduire ou traiter ces pollutions.

Dans l'avenir, les accidents de navigation et les rejets incontrôlés suivront l'augmentation du trafic maritime. Les déballastages tout aussi peu contrôlés dans une zone en plein réchauffement vont bouleverser la flore et la faune marines locales.

Si la mer de Kara recelait les mêmes enjeux de pêche que celle de Barents, les autorités y auraient sûrement regardé à deux fois. Mais les ressources halieutiques sont, en nombre d'espèces, deux fois moins importantes que celles de sa voisine. La pêche en mer y est peu développée et concerne surtout la morue arctique, l'éperlan et la crevette. Dans les estuaires et sur la côte, les ressources de corégone (petit salmonidé) sont encore importantes, mais la crise économique a décimé les armements et divisé les captures par trois depuis la fin de la période soviétique.

Et les grosses bêtes, celles qui charment les

touristes ? Cherchez bien, près de la côte, vous repérerez des bélougas. Arpentez la Nouvelle-Zemble, vous y trouverez encore des morses paressant au cœur de l'hiver et des ours gambadant derrière. Si vous êtes attentif, des baleines de Minke ou à bosse, des orques ou des phoques annelés pointant leur museau distrairont vos quarts. Même si, globalement, moins de poissons signifie moins de prédateurs, la vie sauvage est toujours là, adaptée depuis des siècles. La conjonction des effets de la pollution, du dérangement par les navires, de la prospection sismique et du réchauffement climatique risque malgré tout d'avoir raison de ces animaux emblématiques.

L'ouest de la mer de Kara est décidément passé aux mains des hommes.

Au-delà de Dickson, les choses sérieuses commencent. Dans ces mers aux noms dignes de Jules Verne, aucun trafic hivernal n'est assuré. La glace y reste permanente de septembre à juin, même si son emprise a chuté en été de 40 à 90 % depuis trente ans. Les tempêtes y sont moins violentes qu'à l'ouest, mais la brume plus tenace et les températures nettement plus basses, tournant autour de 0 °C l'été et de – 25 à – 30 °C l'hiver. Rien pour réjouir le marin !

Première séquence, est de la mer de Kara : 1 000 kilomètres de faibles profondeurs, de côtes basses ponctuées d'estuaires, d'îles fantomatiques, de reflets, de nuées, s'étendent jusqu'au cap Tchéliouskine, le point le plus haut au nord du monde asiatique.

Seconde séquence, mers des Laptev et de Sibérie Orientale : 2 000 kilomètres de falaises et de baies perdues jusqu'au cap Dejnev. Ces mers au nom exotique n'ont pas franchement attiré les hommes.

Cela pourrait changer : 4 passages de navires en 2010, 34 en 2011, 46 en 2012, 71 en 2013, la courbe exponentielle est en marche, même si le transit reste modeste comparé aux 17 000 bâtiments qui empruntent chaque année le canal de Suez. Pour autant, l'enthousiasme à gagner jusqu'à quinze jours entre Mourmansk et Shanghai est tempéré par de nombreuses contraintes : les coûts d'assurance et d'accompagnement par les brise-glaces russes, la longueur indéterminée des formalités, l'absence à ce jour de ports de desserte ou de relâche, la disponibilité en navires répondant au prochain « code polaire » de navigation…

Les pétroliers, ici aussi, sont à l'affût. Des zones immenses, dans l'est de la mer de Kara, en mer des Laptev et des Tchouktches, sont déjà grisées sur les cartes représentant autant d'exploration potentielle. Elles suivent quasiment tout le littoral. Les écologistes ont le temps de s'organiser. Tant que la banquise d'hiver défendra son domaine ou que les techniques n'auront pas (beaucoup) progressé, le gaz et le pétrole resteront infiniment plus chers et dangereux à exploiter que du côté de Béring ou de Barents.

La Sibérie terrestre est à peine plus hospitalière que la mer. Elle est gelée en profondeur, impropre à la culture, parcourue de fleuves insensés et incontrôlables, dont la Lena qui pointe parmi les dix plus puissants fleuves du monde. Saluons les quelques hominidés qui ont trouvé moyen de survivre il y a 29 000 ans, au vu des traces retrouvées près de la rivière Yana. Saluons aussi les aventuriers, les éleveurs de rennes ou les Cosaques endurcis à la vodka qui ont parcouru cette toundra. Seul le peuple des Tchouktches, dans l'Extrême-Est, compte quelques pêcheurs et chasseurs de mammifères marins survivant petitement. Hormis eux, ces côtes sont des déserts humains.

Le port de Tiksi, donnant sur la mer des Laptev, a connu le même sort que son collègue de Dickson. Fondé en 1933, il présente aujourd'hui la même architecture de casernes délabrées et s'ouvre sur une baie encombrée d'épaves. Il ne reste que 4 000 habitants sur les 12 000 de l'époque héroïque. Les températures locales n'ont sans doute pas incité les populations à une excessive fidélité. En 2013, Vladimir Poutine a promis des lendemains qui chantent à la petite localité. Les gens de Tiksi attendent toujours.

Pevek donne sur la mer de Sibérie Orientale. C'est la deuxième ville de Tchoukotka avec ses 5 000 habitants. Les fantômes des goulags de la Kolyma y rôdent encore. Entre 2000 et 2011, Pevek a pu rêver de renaissance quand Abramovitch, le tycoon du pétrole, s'y est fait élire gouverneur. Les roubles ont alors plu sur la ville, sous forme d'écoles équipées des derniers développements informatiques, d'hôpitaux et de réhabilitation des logements. Las, cette époque est révolue, et il n'est proposé au petit port que d'accueillir en 2017 la première centrale nucléaire flottante pour résoudre ses problèmes énergétiques.

Pas de port de débarquement, pas de population à nourrir, la pêche au large est inexistante. Tout au plus taquine-t-on l'éperlan, le corégone ou de menus clupéidés dans les estuaires. Les autorités russes ont annoncé vouloir doubler leurs captures dans le Grand Nord d'ici à 2020, mais deux fois peu ne fait jamais grand-chose. Les recensements actuels ne donnent que 45 à 90 espèces de poissons en mer des Laptev et de Sibérie Orientale, ce qui n'augure pas de pêches miraculeuses. La modestie obligerait surtout à reconnaître que notre connaissance de ces horizons glacés est faible et que la fiabilité des statistiques est sujette à caution.

Il est certain, par exemple, que le braconnage existe, sans que l'on puisse déterminer son impact réel sur ces populations animales.

Les optimistes pouvaient espérer que la pollution touchait peu ces mers lointaines. C'est encore vrai au large, où les courants arctiques se chargent pour le moment de diluer les polluants. C'est faux dans les zones côtières et estuariennes, où, dans l'air, l'eau et les sédiments, croisent joyeusement des quantités de fer, de manganèse, de zinc, de cuivre et de cadmium. Bien qu'interdit à partir des années 1970, le DDT, très rémanent, est encore bien présent, accompagné des plus récentes trouvailles des hommes comme les PCB, les composés bromés, chlorés ou phénoliques. On pointera du doigt les villes fluviales qui, à des centaines de kilomètres de là, crachent leur venin sans l'ombre d'une station d'épuration. Aux dénonciations, les Russes offusqués répondront qu'à cause des courants de haute altitude, les scories de Shanghai ou de la Ruhr ont leur part de responsabilité. Soyons honnêtes : ils ont raison. Cette pollution en constante augmentation a la mauvaise idée d'être relarguée par la débâcle des rivières et de la banquise, au moment où le plancton affamé fait ventre de tout. Avec des effets bien connus, mutagènes, carcinogènes, et des baisses d'immunité bien documentées partout dans le monde. Mais ici, nul ne semble s'en soucier. Pas assez d'habitants, trop d'enjeux économiques, ou les deux !

Les mers côtières sibériennes sont pourtant des écosystèmes uniques auxquels la fée du Grand Nord a accordé des grâces aussi éminentes que méconnues. La première est, merci les fleuves, le flot inégalé d'eaux douces (1 500 kilomètres cubes par an) qui se déverse en quelques mois d'été. Si elles charrient de bien dangereuses matières, elles apportent aussi des minéraux à un plancton avide. La biodiversité s'en trouve renforcée.

Le second bienfait est la *polynie*, qui se déploie comme un long serpent depuis l'entrée de la mer Blanche, passant par les îles de Nouvelle-Zemble, la Terre du Nord et la Nouvelle-Sibérie pour mourir à l'entrée de la mer de Sibérie Orientale. Une polynie est un piège pour aventuriers et une bénédiction pour la faune marine. En plein cœur de l'hiver, sous l'effet des courants ou des vents, de vastes zones restent en permanence libres de glace. Ces oasis permettent à la vie de se maintenir en toute saison et de redémarrer en flèche dès l'arrivée du soleil. Oiseaux, poissons, phoques et même morses en profitent. Demandez aux ours, ils adorent aussi. Pour les amateurs de trek, ces zones instables furent souvent des tombeaux.

Une dernière île, Wrangel, du nom d'un découvreur qui ne fit que l'entrevoir, signe la fin de ce parcours de 6 000 kilomètres commencé au cap Nord. La chaîne de Tchoukotka s'estompe pour redonner le littoral aux dunes et aux marais. Au-delà de Wrangel, la mer des Tchouktches est mitoyenne de l'Alaska. Elle est tout aussi fermée par la glace en hiver et au printemps, même si l'embâcle est de plus en plus tardif et la débâcle plus précoce. Grâce aux échanges d'eaux avec le Pacifique, la pêche y est d'autant plus intéressante que l'on se rapproche du détroit. Quatre-vingt-neuf espèces de poissons, bélougas, narvals, morses, la plupart des espèces de phoques et de baleines dont la rare baleine grise, en ont fait une zone clé de nutrition, de migration ou de reproduction. Les femelles ours sont nombreuses, qui ont adopté l'île de Wrangel pour la mise bas. La pêche y est peu importante aujourd'hui, mais le réchauffement climatique a tendance à faire remonter les espèces vers le nord… Les pêcheurs devraient suivre.

La mer des Tchouktches n'échappe pas aux appétits pétroliers : dans l'est, côté américain, des licences de forage sont déjà actives. Côté russe, de vastes zones ont été attribuées avec des débuts de prospection sismique. Bien que Wrangel ait été inscrite au patrimoine de l'humanité, ces zones encerclent tout l'est et le nord de l'île.

Pour finir le voyage, il faut passer le détroit de Béring et embouquer la mer du même nom. Face au cap Dejnev, deux chiures de mouches se narguent : les îles Diomède. L'une est russe. L'autre, à 3 kilomètres, est américaine. La mer de Béring est limitée par les deux continents, l'Eurasie et l'Amérique. Dans son sud, elle est presque fermée par la magnifique chaîne des îles Aléoutiennes. Comme ses voisines de l'ouest, la mer de Béring est peu profonde ; le mélange des courants y assure l'une des plus grandes fertilités halieutiques au monde. Ses côtes basses et marécageuses, la glace qui bloque encore le passage huit mois par an, n'ont pas favorisé l'établissement de ports. Providenya, côté russe, ressemble, par son délabrement, à ses sœurs du nord. Nome, côté américain, a plus à voir avec le folklore de chercheurs d'or qu'avec une escale de la mondialisation.

Au sud des Aléoutiennes, le courant chaud et la latitude font leur œuvre. Les arbres reviennent, tout comme les hommes et les villes. Vous pouvez quitter bottes et chapka.

Dans ces zones qui ne semblaient dévolues qu'aux peuples premiers et aux aventuriers, se cachent des enjeux majeurs du XXIe siècle : les pêcheries, parmi les plus productives du monde, des réserves mirifiques de gaz et de pétrole, l'ouverture possible d'une route maritime majeure, des espèces emblématiques en voie de disparition… En contrepoint, des niveaux records de pollution et un réchauffement climatique sans précédent dans l'histoire humaine tant par son niveau que par sa rapidité. Par bien des aspects, l'économie, la géopolitique, l'environnement mondial reposent sur ces fragiles équilibres en pleine mutation. Ce sont autant de découvertes que de questions que nous avons souhaité partager.

Ce portrait de l'ensemble de la route dessiné à grands traits, commençons pour de bon le voyage, avec les premiers découvreurs.

DEUXIÈME PARTIE

Héros et capitaines, guerriers et martyrs

I

LES PIONNIERS

Toujours plus, toujours plus loin, déclinaison marchande du « *Citius, altius, fortius* » sportif, ou simple curiosité d'aller voir l'autre côté de l'horizon ?

Il n'est pas un endroit de la planète qui ait échappé à l'intérêt ou à l'avidité des hommes, jusqu'à ces îles qui semblaient gardées par l'éloignement, le froid et la peur. Qui fut le premier, le découvreur ? La question excite les orgueils nationaux et nourrit les débats de revendication. Côté est, le franchissement de la Béringie (entre la Sibérie et l'Alaska) par des peuples lentement remontés d'Asie est admis. Ne reste que l'épineuse question : depuis quand ?

Et dans l'ouest ? Spitzberg, Nouvelle-Zemble, mer de Kara ?

La plus vieille implantation humaine connue dans le nord de la Russie est le site de Yana, près du rivage de la mer de Sibérie Orientale (– 27 000 ans). Pour le reste, le sol gelé garde ses secrets. La reconnaissance des côtes russes et des îles jusqu'au lointain Spitzberg a pu venir de l'est aussi bien que de l'ouest. Depuis quand et par qui ces territoires ont-ils été découverts, qui peut s'y prévaloir d'une légitimité historique ?

Des hommes, originaires de Sibérie quelques millénaires avant notre ère, ont-ils poursuivi quelques bêtes sauvages en profitant des longues journées arctiques pour progresser le long de la Nouvelle-Zemble, puis de la terre François-Joseph pour arriver au Spitzberg ?

Un Viking, dénommé Otar, se serait-il aventuré en mer Blanche vers 870 (version des archéologues norvégiens) ?

Certains de ses collègues se seraient-ils perdus à l'aller ou au retour d'Islande pour atterrir au Spitzberg (version des archéologues islandais) ?

La colonisation de la zone russe de la mer Blanche par les Pomores, venus du sud de la Russie, à partir du Xe siècle est, quant à elle, attestée. Leur nom signifie, de manière appropriée, « ceux qui vivent près de la mer », en raison de leur habitude de circuler dans de petits navires à fond plat, les kochs. Nous sommes en plein optimum climatique ; ces hommes sont experts dans la poursuite des renards, ours et morses. Ces anonymes sont vraisemblablement les premiers à atteindre la Nouvelle-Zemble et l'au-delà sibérien, au XIIe siècle, et peut-être le Spitzberg (version des archéologues russes).

Arrêtons-nous un instant sur les kochs, remarquablement conçus pour ces côtes, quoique rudimentaires. Ce sont des bateaux de 12 à 20 mètres au maximum, montés par une quinzaine d'hommes. Leur coque évasée est censée s'éjecter de la glace au lieu d'être broyée par elle. Leur forme donna, dit-on, des idées à Nansen pour la construction de son *Fram* lorsqu'il décida de tenter sa dérive arctique. De même *Tara*, la goélette contemporaine, suivit leur exemple. Deux voiles carrées, trois paires de rames quand le vent est en panne, un tirant d'eau de moins d'un mètre qui leur permet de se faufiler le long des côtes encombrées de bancs de sable. Mais, quand ils remontent contre le vent, ils n'ont que l'efficacité de la fumée. Qu'à cela ne tienne, les Pomores ne chercheront pas à traquer la baleine, ils utiliseront les capacités de charge de leurs bateaux pour embarquer le matériel nécessaire à des hivernages, dès la fin du XVIIe siècle.

La légende veut que l'avance de 60 roubles que l'on consent aux équipages soit immédiatement bue. À peine dessaoulé, on file à l'église pour la bénédiction et on embarque, cap sur le Spitzberg. Le bateau transporte une cabane en kit, son fourneau en terre, de la farine, du bœuf et de la morue séchés, et surtout des haches, lances et tromblons que les Pomores manient remarquablement. Dire que l'hiver au Spitzberg tient de la villégiature serait mentir, mais c'est la meilleure saison pour traquer le renard, dont la fourrure d'hiver est immaculée. Les ours sont également plus faciles à tirer sur terre. Il y a même fort à parier que, les odeurs de cuisine aidant, il n'est pas besoin d'aller loin pour les dénicher. D'ailleurs, la porte et les murs sont percés de meurtrières pour tirer plus commodément. Dans leurs fragiles forteresses, par des – 30 °C à – 40 °C, à la lueur fuligineuse des lampes à huile, la vodka est le seul réconfort, à moins que ce ne soit la prière — ou les deux. Les Pomores n'en sont pas moins les premiers Européens à survivre à l'hiver de ces très hautes latitudes. On chasse, souvent on meurt de scorbut, de froid, d'accident. Au printemps, le bateau revient récupérer les survivants et leur précieux chargement de peaux. Le temps de boire la solde et l'on se tient prêt à repartir. Le courage et l'habileté des Pomores furent magnifiquement illustrés par les aventures de quatre d'entre eux, malencontreusement abandonnés en 1743 sur un îlot dans l'est du Spitzberg. MacGyver aurait fait figure d'empoté, côté ingéniosité. Avec les douze balles qu'ils possèdent, nos hommes commencent par tuer douze rennes. Un galet comme enclume, un bout de ferraille pour marteau, des bois de rennes comme tenailles, et les voilà qui forgent des clous, récupérés sur une planche flottée, en lames meurtrières. Assujetties avec des tendons sur des pieux, celles-ci leur serviront à affronter les ours. Avec une poignée de glaise cuite dans un four tout aussi improvisé, ils feront une lampe à huile ; l'étanchéité est assurée par une cuisson agrémentée d'une poignée de farine. Le tout est à l'avenant pendant sept (oui ! sept !)

interminables années. Le seul à y laisser sa peau est le « fainéant » de la bande, dont il est dit que sa paresse et son inaction le conduisent à succomber au scorbut. Aux autres, revenus en pleine forme, on octroya un répit de quelques années avant de les renvoyer à la tâche.

Pendant que nos héros Pomores fournissent la cour du tsar en pelisses, on commence à s'agiter du côté de l'Angleterre. Le rêve d'atteindre la Chine au plus court va amener des générations de marins à perdre la vie au nord-ouest comme au nord-est. En 1552, Sébastien Cabot crée rien de moins que la « compagnie des marchands aventuriers pour la découverte de régions, dominions, îles et lieux inconnus ». Ce vaste programme se heurtera au petit âge glaciaire, qui a refermé la porte du Grand Nord. Une première expédition arrive péniblement à Arkhangelsk, une seconde se cassera les dents en mer de Kara. Les Anglais passent la main aux Hollandais. Leur champion est un marin réputé, doublé d'un cartographe : Willem Barents.

Comme ses collègues anglais, Barents, lors d'un premier voyage, est arrêté par la glace au large de la Nouvelle-Zemble. Avant de faire demi-tour, ses hommes tuent leur premier ours blanc et récoltent quantité de défenses de morses. L'espoir de découvrir un passage au nord-est a la vie dure. L'année suivante, l'État d'Orange arme six navires bourrés de marchandises à destination de la Chine. Cet optimisme commercial se voit à nouveau arrêté aux portes de la mer de Kara par « la plus effroyable glace que l'on pût rencontrer ». Au passage, un ours vengera son congénère de l'année précédente, en croquant deux marins.

Mais Barents est têtu, et les marchands d'Amsterdam toujours prêts à risquer quelques florins et des vies humaines. Leur idée, qui perdurera jusqu'au XIXe siècle, est qu'au-delà d'un anneau glaciaire, les mers du Grand Nord sont libres en été grâce à leur exposition permanente au soleil.

Dans sa troisième expédition, en 1595, Barents met donc cap plein nord et atteint presque le 80e parallèle. Là, au milieu des brumes, il accoste une haute terre qu'il prend pour le Groenland. Il vient de découvrir officiellement et sans le savoir le Spitzberg. La glace déjoue son projet de passer par le nord. Il fait alors le pari de trop : repartir pour contourner la Nouvelle-Zemble. Fin août, la banquise saisit le navire dans ses crocs pour ne plus le relâcher. Barents et ses hommes sont contraints au premier hivernage officiellement répertorié pour des Européens. Entre deux attaques d'ours, ils construisent une cabane avec du bois flotté. L'hiver est si froid qu'ils « se brûlent la culotte avant de se réchauffer les pieds ». Au printemps, affaiblis par le scorbut, ils entreprennent de retaper deux baleinières avec lesquelles ils lèvent le camp début juin. Le 20, une forte tempête vient à peine de dégager les glaces que Barents, épuisé et scorbutique, rend l'âme dans la mer qui porte aujourd'hui son nom. Les survivants, après avoir parcouru 2 800 kilomètres, atteignent la presqu'île de Kola et retrouvent Amsterdam.

La même année, la première flotte hollandaise envoyée aux Indes par le cap de Bonne-Espérance revient chargée de trésors. Les armateurs entendent parfaitement le message : le Nord c'est la mort, le Sud la fortune.

Dans leurs descriptions du Spitzberg, Barents et après lui Hudson signalent l'abondance de baleines, phoques et morses. Pourquoi s'acharner sur un hypothétique passage quand on a de bonnes et belles richesses sous les yeux ? La saison du massacre des mammifères marins peut commencer. Aujourd'hui, les baleines et les phoques sont remplacés par le pétrole et le gaz. La voie ouverte par les kochs russes et les navires de Barents a finalement enrichi les hommes et, par un étrange retournement de situation, la route du Nord fait à nouveau rêver.

Trois siècles plus tard, en 1871, le capitaine phoquier Elling Carlsen, en maraude près de la côte nord-est de la Nouvelle-Zemble, aperçoit une cabane. Dans la construction figée par le froid, tout est intact : couchettes et coffres, vaisselle et outils, encrier et plumes, et même un sablier servant d'horloge. À part le toit endommagé, tout semble prêt à reprendre du service. Il a sous les yeux le refuge où Barents et son équipage ont passé un hiver de misère.

II

L'INCROYABLE PÉRIPLE DE SIMON DEJNEV

À partir de 1630, les tsars Michel Ier, puis Alexis Ier lancent des escouades à l'assaut des rivages sibériens. Ils veulent, on le comprend, avoir le cœur net sur l'étendue, la forme, les richesses et les peuples de leur propre pays. En 1648, au prix d'aventures rocambolesques et mortifères, le travail est bien avancé, au moins jusqu'à l'embouchure de la Kolyma. Un hameau y est bâti où vivront, au fil des ans et des générations, des personnages hauts en couleur comme le marchand Fedor Alexeïevitch Popov, les Cosaques censés incarner l'État, Michel Stadoutchine et Simon Dejnev, l'cxplorateur Gerasim Andukinov, encore que la distinction de fonction entre les uns et les autres pourrait prêter à débat. Tous ne rêvent que de poursuivre vers l'est, où l'on dit que se trouvent des fortunes en bêtes à fourrure et à ivoire. Les marécages de l'Est sibérien, les côtes englacées, les Tchouktches vindicatifs sont autant d'obstacles. Fin juin 1648, un assemblage hétéroclite de quatre-vingt-quatre marins dont Popov, Andukinov et Dejnev, prend place à bord de sept kochs pour continuer. Leur récit ne parviendra que quatre-vingt-huit ans plus tard aux oreilles du tsar, lorsque l'historien Friedrich Müller dénichera le rapport de Dejnev dans les archives de Irkoutsk. Le Cosaque n'étant pas disert, une bataille d'historiens fait toujours rage pour interpréter son texte. Dejnev fut-il le premier Européen à franchir la pointe nord-est de la Russie qui porte désormais son nom ?

À voir les mauvais bateaux, aux coques cousues, aux voiles en peaux de rennes, sans boussole, où sur 20 mètres de long s'entassent trente hommes, slalomant entre glaces, brouillards et tempêtes, on peut en douter. D'ailleurs, l'exploit n'a jamais été réédité. C'est faire peu de cas de la ténacité, de l'ingéniosité, voire de la brutalité de ces hommes animés par la course aux richesses, aux honneurs et par le goût de l'aventure.

Tels les petits nègres d'Agatha Christie, les sept kochs vont être rapidement réduits à trois — deux se perdant on ne sait où dans la brume, deux autres faisant naufrage et voyant leur équipage exterminé par les Tchouktches —, puis à deux suite au naufrage d'Andukinov, puis à un, celui de Dejnev, après la disparition de la barque de Popov. Les vingt-cinq survivants de ces différentes avanies se regroupent sur le koch restant. Profitant d'une année favorable du point de vue des glaces, ils atteignent « un cap différent de celui qui est à l'est de la Kolyma, qui tourne vers l'Anadyr. En face, deux îles habitées par des Tchouktches dont la lèvre est percée par un os de morse ». Imprécise description pour affirmer qu'ils ont bien atteint le détroit de Béring et aperçu les îles Diomède. À moins d'imaginer qu'ils aient fait à pied une partie du trajet à travers la Tchoukotka. Quoi qu'il en soit, c'est bien dans le golfe d'Anadyr, sur la face orientale du détroit que, en octobre, un naufrage final arrête les pionniers. Neuf mourront encore de faim avant que les rescapés ne fondent le village d'Anaduirskoi.

Dejnev reviendra de cette saga douze ans plus tard pour écrire rapport sur rapport en espérant une récompense, mais ces écrits resteront dans un tiroir avant d'être exhumés par Müller. Il est trop tard pour en informer Béring, dont la première expédition va justement se consacrer à apporter la preuve de l'existence du détroit. Quelles que soient les querelles des historiens, l'histoire est trop belle pour ne pas être célébrée.

III

LA ROUTE DES CHASSEURS

Été 1647

La conquête russe de la Sibérie puis de l'Alaska a une origine principale : la passion des Européens et des Chinois pour les fourrures. Les prix exorbitants que les marchands pouvaient en tirer justifiaient toutes les dépenses (voyages d'exploration, établissement de comptoirs) et toutes les pratiques (travail forcé des tribus, prises en otage de leurs chefs…).

L'État tsariste y trouvait son compte puisqu'une taxe de 10 % était imposée sur chaque vente.

C'est ainsi que dans tous les endroits reculés (où vivait le plus grand nombre d'animaux sauvages) se multiplièrent les *ostrogs,* des citadelles souvent minuscules censées protéger les chasseurs.

XVIe et XVIIe siècles, premières années du XVIIIe.

Tandis qu'à l'ouest de l'Europe les monarchies se déchirent pour s'arracher villes et territoires, les tsars s'intéressent à l'est de leur empire. Outre les autochtones, y rôdent des *promysklenniky*, des hommes intrépides et sans foi ni loi, obsédés par la recherche de fourrures et prêts à tout pour les obtenir. Ils font appel à l'administration : « Aidez-nous à connaître ces immenses territoires où des richesses infinies nous attendent. » Nous avons vu précédemment comment Simon Dejnev et ses compagnons parvinrent à relier le bassin de la Kolyma à celui de l'Anadyr, initiant un lucratif commerce de fourrures et d'ivoire de morse. Dans les années qui suivirent, des dizaines de bateaux tentèrent de reproduire l'exploit de Dejnev ; aucun ne réussit, même en sens inverse, partant d'Anadyr au nord puis plein ouest.

Anadyr : l'endroit n'était rien qu'un bord de rivière perdu au milieu d'une plaine immense et glacée. Maintenant, des maisons de bois se sont élevées. Les commerçants, les militaires peuvent y dormir au chaud. Des auberges se sont ouvertes, elles offrent à manger, surtout à boire. Ceux qui passent et qui viennent de loin, de très loin, racontent ce qu'ils ont vu. Ou entendu raconter. Ou seulement imaginé. Au-delà de l'extrémité du continent, sur la mer parcourue par le Cosaque Dejnev lors de son glorieux voyage, il y aurait des îles. Où vivent des gens. Sur une table, on esquisse un croquis.

Et revoilà des jésuites. Comment font-ils, ces gens-là, pour tout savoir ? Quelles oreilles surhumaines ont-ils ? Il suffit que la connaissance progresse, même imprécise, même incertaine, n'importe où dans le monde, pour qu'ils en soient informés. Ainsi, c'est le jésuite Philippe d'Avrille qui rapporte l'expérience de Russes chasseurs de morses ayant dérivé sur des glaces jusqu'à des terres qui semblaient celles de l'Amérique. Dès 1700, des cartes de ce littoral paraissent. On y verra bientôt deux îles que plus tard on appellera Grande et Petite Diomède.

En 1701, un certain Atlassov conquiert le Kamtchatka. Il serait le premier homme venant de Russie à avoir atteint la pointe extrême-orientale de la Sibérie. Les populations locales n'acceptant pas cette domination russe, Atlassov revient pour les mater. Au cours d'un combat, il est tué. La péninsule des Tchouktches est annexée. Vers 1720, la Grande Russie s'étend jusqu'au Pacifique.

C'est alors que Pierre le Grand décide d'engager le Danois Vitus Béring. Il veut continuer d'explorer l'extrémité de son empire.

IV

VITUS BÉRING OU LA CONQUÊTE DE L'EST

Lorsqu'on est maître d'un empire, rien n'est plus agaçant que de ne pas en connaître précisément les limites, et rien n'est plus tentant que de l'agrandir encore. Ainsi, en ces années 1720, pense le tsar Pierre Ier dans son récent et fastueux palais de Saint-Pétersbourg. La Russie entre à peine dans le concert des nations occidentales, la noblesse chic parle français, on se pique de lettres et de sciences, mais surtout l'ours russe s'ébroue pour prendre sa place dans le commerce, la conquête et l'opulence. La géographie tient une place particulière au siècle des Lumières. Celui qui la maîtrise, qui lève les cartes, qui inventorie les richesses, qui tisse des alliances avec des potentats locaux, qui distance ses concurrents, celui-là raflera la mise. Espagne, Portugal, France, Angleterre, Pays-Bas, Allemagne, de partout, du XVe au XVIIe siècle, les marins vont dessiner le monde et l'avenir de leur nation.

Pierre Ier a déjà son Académie des sciences ;

il vient de gagner à l'ouest sa guerre contre les Suédois et l'accès à la Baltique. Reste l'autre côté, l'est, immense, glacé, sauvage, et cette côte au tracé incertain qui ouvre sur le Pacifique et, qui sait, un autre continent.

Il a sous les yeux la carte dessinée à grands traits par Ivan Lvolv vers 1710. La côte sibérienne y apparaît clairement : la péninsule du Kamtchatka au sud, celle de Tchoukotka au nord, puis la côte revenant vers la Sibérie. Mais en face, deux dilemmes excitent son imagination. À l'est de la Tchoukotka, deux petites patates figurent bien les îles Diomède, et une très longue île orientée nord-sud, dont l'extension se perd vers le nord, baptisée « la Grande Terre », indique clairement que la côte américaine a été vue aux latitudes du détroit. Ce qui n'est pas étonnant si l'on considère que 40 milles seulement séparent les deux continents à cet endroit. Plus attirant encore, la carte dessine dans l'est immédiat du Kamtchatka une énorme terre dite de « Juan de Gama », supposé explorateur espagnol. Quels liens entre cette terre et l'Amérique que les Européens ont attaquée sur sa face atlantique ? Quelles richesses ? Qui aurait déjà pris possession de ce supposé pays de cocagne ? Le grand projet prend forme : rallier la côte Pacifique par la terre, y construire deux navires, naviguer le long de la côte, voir si elle est reliée à l'Amérique et y vérifier qu'aucun navire ou implantation des Européens n'a déjà supplanté la Russie. La saga du détroit de Béring commence.

Pour ce grand dessein, Pierre Ier va choisir un officier expérimenté : Jonassen Ivan Ivanovitch Bering, plus connu sous son nom danois de Vitus Béring. Ils sont nombreux, les Danois, à avoir fait carrière en Russie pour y construire une marine digne de ce nom, qui fera merveille pendant la guerre contre les Suédois. Béring a quarante-quatre ans en 1725. Il envisage de prendre sa retraite, mais ses trop faibles revenus l'incitent à rempiler. Un homme pieux, calme, voire amical, honnête à l'extrême, tolérant — trop, disent ses détracteurs. Un personnage marqué sûrement par l'ostracisme qui frappe tous les officiers qui ne sont pas d'ascendance russe. Rien du leader charismatique et volontaire que l'on aurait pu attendre. Plus qu'imposer son autorité, il cherche à amadouer ses hommes en saluant leurs initiatives.

La tâche est démente, à commencer par la traversée terrestre de l'immense Russie, ses terres centrales et orientales quasi inconnues, faiblement peuplées, où ne règnent que le froid et la neige l'hiver, les marécages et les rivières sauvages l'été. Partis de Saint-Pétersbourg en janvier 1725, il leur faudra trois interminables années et demie pour exécuter seulement la première partie des instructions de Pierre Ier. La côte est atteinte, on peut prendre la mer. Béring, en bon Anglo-Saxon, est infiniment respectueux des ordres. Quelle mouche le pique donc, au lieu de partir plein est vers la fameuse terre de Juan de Gama, de filer le long de la côte russe, vers le nord, et de passer tout son été à la cartographier ? Il semble qu'en route, à Tobolsk, capitale de la Sibérie, il a rencontré des marchands qui l'ont dissuadé de chercher le territoire fantôme. A-t-il eu l'intuition qu'il trouverait un passage plus haut ? Quoi qu'il en soit, le 13 août 1728, après des semaines dans la brume et le mauvais temps, il se rend compte que la côte s'infléchit vers l'ouest et revient donc vers la Sibérie. Il errera quatre jours encore, avant de faire demi-tour pour rentrer à sa base. Il passera ainsi à l'aller et au retour le détroit qui porte son nom sans apercevoir l'Amérique, pourtant si proche.

Pierre le Grand est mort quelques jours à peine après le départ de l'expédition, mais Élisabeth, qui prend sa suite, n'entend pas rendre les armes. L'Est demeure toujours le grand défi. Cette fois-ci, on ne lésinera pas. Ce sont cinq cents marins, militaires, charpentiers, chaudronniers, serviteurs qui accompagnent Béring et s'élancent, en 1733, avec des milliers de tonnes de bagages, nourriture, canons, bibliothèque pour les savants, dans une invraisemblable équipée terrestre.

En route, on réquisitionnera des milliers de porteurs, conducteurs de chiens, cavaliers. On construira des centaines d'embarcations à fond plat pour charrier le matériel sur les fleuves en crue ou couverts de glace. Les notables locaux, cosaques et véritables potentats, ne voient pas d'un bon œil cette obligation de se plier à toutes les demandes. Ils traînent les pieds pour fournir hommes et vivres. Pour prêter main-forte, on vide les prisons des pires truands, on envoie même des aveugles. Le passage de l'équipée de Béring laissera la Sibérie exsangue : 10 % de la population adulte a dû abandonner champs et élevage. Une bonne partie d'entre elle ne reviendra jamais, morte de froid, de faim ou pendue pour insubordination. La nourriture et les animaux ont été raflés, les villageois restants endureront la famine pendant de longues années. Mais rien n'est trop cher payé pour la gloire de la Russie.

Partis de Saint-Pétersbourg en mai 1733, ce n'est qu'en juin 1741 que le *Saint-Pierre* et le *Saint-Paul* prendront la mer. Huit ans pour faire traverser l'immense pays et construire les deux navires dans ce qui deviendra Petropavlovsk !

Au départ de cette seconde partie du voyage, Béring est un homme de soixante ans, épuisé par les difficultés partout rencontrées et par les incessantes chicanes avec les gouverneurs cosaques. Il est malade et marche avec difficulté.

Cette fois-ci, il est bien décidé à tirer au clair définitivement la question de « Juan de Gama », et fait cap au sud-ouest. Bientôt, les deux navires se perdent dans la brume. Le vaisseau amiral, après avoir erré quelques jours à la recherche de sa conserve, oblique au nord-est. Un mois et plusieurs tempêtes plus tard, Béring sort de sa couchette ; la terre tant désirée apparaît à l'horizon. Une île qu'ils nommeront Kayak et, derrière, des montagnes et une ligne de côte continue. L'Amérique est là !

Mais on est déjà le 20 juillet, le voyage de retour sera long. Après une courte escale de dix heures juste pour faire de l'eau, au grand dam des savants embarqués, le commandant décide de remettre le cap sur le Kamtchatka. Tant de peines, de souffrances et de morts, pour dix petites heures ! On ne fera qu'une autre escale dans des îles au nord-ouest du futur golfe d'Alaska. On les nommera Shumagin, du nom du premier marin que l'on y enterre. Car le scorbut commence à faire son triste ouvrage. Depuis qu'ils ont quitté Kayak, le mauvais temps et le brouillard sont permanents. Les hommes sont affaiblis par la terrible traversée depuis la Russie et mal nourris car les vivres prévus n'ont pu être embarqués. Le calvaire commence. La furie des vents d'automne les saisit. Chaque tentative pour mettre le cap sur le Kamtchatka se voit repoussée par une tempête de sud-ouest. Ils errent interminablement le long des Aléoutiennes, jetant de plus en plus souvent des cadavres par-dessus bord. Le 28 novembre, Béring ne se lève même plus pour apercevoir la terre que tous prennent pour la mère patrie. Tentant le tout pour le tout, les hommes épuisés engagent le bateau par-dessus une barre vers une baie tranquille. Las ! C'est une île ! Les voilà pris au piège de l'hiver et, à la première tempête, le *Saint-Pierre* se désintègre sur la plage. Le froid glacial, la nuit, la faim, chacun se terre comme il peut dans un trou creusé à même le sol. Les renards se régalent des cadavres que l'on n'a plus la force d'inhumer. C'est là, à demi enterré dans le sable qui le protège si mal, que Vitus Béring rendra son dernier souffle. Mort à la tâche, comme mourront après lui Cook, La Pérouse et tant de découvreurs anonymes.

Les survivants réussiront à construire une chaloupe et rejoindront Petropavlovsk l'été suivant pour y retrouver le *Saint-Paul*, commandé par Chirikof, rentré sain et sauf l'année précédente.

L'interminable et mortelle équipée aura une suite immédiate et inattendue. De leurs brefs débarquements, les hommes ont rapporté des peaux d'otaries et de loutres qui se vendront à prix d'or vers le marché chinois. La nouvelle que des milliers d'animaux se prélassent sur ces rivages se répand comme une traînée de poudre. Dès l'année suivante, des marchands avides s'élancent à leur tour. Le calvaire des mammifères marins et des communautés indiennes va commencer.

V

SHUMAGIN, ALASKA

55° 04' N ; 160° 03' O

Été 2012. C'est l'heure qu'aiment les marins. Le jour qui vient délivre de l'inquiétude. La pénombre trompe, fait prendre une île pour une autre, fausse les distances, empêche de voir le tronc sournois qui peut taper sur la coque. Même après une belle nuit, l'aube est un don. Celle-ci est calme. Le niveau de gasoil indique que le plein s'impose. Nous allons faire escale à Sand Point, petit port de pêche des îles Shumagin, un groupe d'une douzaine d'îles à l'extrémité du golfe d'Alaska, 750 habitants.

Nikita Shumagin devait être un tout jeune homme, de ceux qui embarquaient comme mousses à douze ans pour tenter une carrière, souvent brève, dans la marine du tsar. Pourquoi avait-il été désigné pour le second voyage de Béring ? Avait-il des talents ou un courage particuliers ? Qui laissait-il derrière lui ? Des parents ? Une fiancée ? Des enfants ? Qu'importe le sort des obscurs, dont on ne parle souvent que lors du décompte des vivants et des morts. Il fut le premier de la terrible liste du *Saint-Pierre.* Depuis des semaines, le scorbut le rongeait. La maladie fragilise les parois des vaisseaux sanguins, entraînant des hémorragies de plus en plus graves et finalement fatales. Les gencives qui saignent, les dents qui se déchaussent, la peau qui marque au moindre coup pour devenir peu à peu entièrement violacée, les douleurs intestinales, l'apathie et la dépression l'avaient peu à peu envahi. Depuis des jours, il est trop faible pour monter sur le pont. Sur sa couchette d'herbes pourrissantes, dans la nuit permanente de l'entrepont suintant d'humidité, il attend, sans doute priant, criant son mal et sa colère. Dans la nuit, il rend son dernier souffle.

Probablement valait-il mieux pour lui de ne pas vivre la longue agonie de ses camarades, les tempêtes et le naufrage sur les îles du Commandeur. Il évita ainsi d'être cousu dans un morceau de toile à voile lesté d'un boulet. De l'escale du navire, il gagna une sépulture à terre et son nom à tout jamais associé à cet archipel.

Le matin est à l'unisson de ce triste souvenir. Une brume mélancolique nous enveloppe. Le soleil nous regarde comme un œil vide. Les îles semblent flotter sur un coussin gris et moelleux. Une colline, le profil acéré d'un cap, une crique apparaissent et disparaissent dans un lent ballet. C'est un temps à elfes et à féeries. Nous n'aurions pas été étonnés de croiser le *Saint-Pierre* épuisé.

Rien de tel qu'un pub pour chasser le spleen.

Celui de Sand Point offre tous les ingrédients du havre américain : un long bar surplombé de photos de trophées de pêche, des tables en formica où s'exclament bruyamment des types format XXL et quelques blondes du même gabarit. Tout ce beau monde écluse bières et sodas, puis l'heure vient de la danse, panse sur panse, comme le chantait Jacques Brel.

Entre une femme flic du même blond, boudinée dans son uniforme. Elle se poste jambes écartées, main sur son arme de service et passe un bon quart d'heure à dévisager attentivement l'assistance qui n'en a cure.

« Elle cherche quelqu'un ?

— Non, c'est la sécurité ; depuis le 11 septembre, il faut se méfier.

— Se méfier de qui ?

— Des islamistes, ils peuvent venir nous égorger n'importe où.

— Ici ? Aux îles Shumagin ?

— Ils sont partout. »

Les États-Unis ont besoin d'ennemis. C'est le ciment de ce peuple bigarré. L'espion russe s'est évanoui de l'autre côté de Béring, qu'à cela ne tienne, on s'en trouve toujours un autre.

VI

ALEXANDER BARANOV

La ruée commence dès le retour des marins de Béring. Leurs récits n'ont aucun mal à exciter les imaginations. Quel commerçant peut résister à l'appel de ces nouveaux territoires où pullulent les animaux à fourrure ? Des expéditions sont lancées, financées par des sociétés par actions.

Premier objectif, les îles du Commandeur. D'abord parce que les morses et les loutres n'y manquent pas. Surtout parce qu'elles sont proches du Kamtchatka et peuvent servir de base arrière à l'exploration des autres îles qui s'échelonnent jusqu'au continent américain et semblent encore plus giboyeuses. Mais leurs habitants, les Aléoutes, aiment leur indépendance. Ils reçoivent les armes à la main ces envahisseurs, tuant sans merci ceux qui débarquent et brûlant leurs vaisseaux. Puisque ces sauvages ne comprennent pas les beautés ni les nécessités du commerce, Moscou use de la force. Les îles sont conquises une à une et les populations soumises par une méthode imparable : les Russes brûlent les arcs, les flèches, mais aussi les harpons et les outils de la pêche. Privés de tout moyen de se défendre et de se nourrir, les Aléoutes n'ont d'autre possibilité que l'esclavage : dorénavant, ils chassent pour les Russes, qui leur laissent juste ce qu'il faut pour ne pas mourir de faim.

Les commerçants étaient venus les premiers. Les soldats leur avaient vite apporté leur soutien. L'heure des administrateurs a sonné. Des popes les accompagnent. Selon son propriétaire, Gregori Skelikov, la Russian American Company ne répond pas aux attentes. Pourquoi ne se développe-t-elle pas plus vite, avec tous ces animaux à fourrure et tous ces esclaves potentiels pour les chasser ? À l'évidence, il manque un administrateur à poigne.

Le choix se porte sur Alexander Andreïevitch Baranov. Son entreprise vient de faire faillite en Sibérie mais sa fermeté avec les locaux aussi bien que son sens politique ont été remarqués. En peu d'années, il crée des comptoirs, organise les approvisionnements et le commerce, en même temps qu'il met de l'ordre. Seigneur de l'Alaska, c'est ainsi qu'on l'appelle, le type même du despote éclairé. Ses loisirs, il les passe à naviguer en kayak ou à la barre de son sloop, entouré de l'admiration générale pour ses qualités de marin. Préconisant les mariages entre Russes et natives, il montre l'exemple, et sa femme Anna lui donne un fils et une fille. L'un de ses talents les plus utiles est de tenir l'alcool comme personne. N'ayant pas les moyens d'empêcher les bateaux étrangers, américains, anglais ou français, de venir fureter dans son domaine, il prend l'habitude de traiter avec les capitaines. D'ailleurs, sur ces bateaux arrivent les commerçants, bien utiles pour vendre, notamment à la Chine, les fourrures récoltées. Alors Baranov invite tout le monde à des fêtes, autant de souvenirs qui resteront légendaires. Comment, le lendemain, affronter un hôte si généreux et si joyeux camarade ?

De toutes les petites places fortes qu'il fit construire le long de la côte, Baranov préférait la redoute Saint-Michel, une dizaine de kilomètres à l'ouest de l'actuelle Sitka. En juin 1802, pendant qu'il se trouve à l'autre bout de son empire, sur l'île de Kodiak, les Tinglits attaquent la redoute, s'en emparent et tuent tous ceux qui s'y trouvent : cent cinquante Russes et leurs esclaves aléoutes.

Le rôle d'un capitaine anglais, Henry Barber, n'est pas des plus clairs. Son bateau se trouvait opportunément dans la baie : il put recueillir certains Russes et les sauver de la mort. Mais il semblerait qu'il se soit entendu avec les Tinglits pour chasser les Russes. Et comme il n'y a pas de petit profit, une fois arrivé à Kodiak, il n'aurait remis à Baranov ses amis qu'en échange d'une forte somme, un défraiement qui ressemblait fort à une rançon.

Le Seigneur de l'Alaska mit deux ans à préparer sa revanche.

Il revint en octobre 1804, avec quatre navires de guerre et des centaines de kayaks armés. Cette armée russo-aléoute encercla le fort que les Tinglits avaient construit, à l'embouchure de l'Indian River. Après six jours de durs combats, ils l'abandonnèrent une nuit. La bataille était finie. Le domaine de Baranov définitivement pacifié. Sur le site, il entreprit sans tarder de bâtir une ville fortifiée. Il la baptisa Novo-Arkhangelsk. Et elle devint le quartier général de la Compagnie Russe Américaine.

Après vingt-sept ans de bons et loyaux services à la Compagnie, Baranov fut renvoyé sans pension en 1818. Il mourut de fièvre sur le triste chemin de son retour en Russie. Et son corps fut jeté à la mer dans le détroit de Sunda, entre Java et Sumatra.

VII

IVAN VENIAMINOV

Ivan Veniaminov naquit en 1797 dans un village de Sibérie dont son père tenait l'église. On dit qu'il ne rechignait pas à prier mais qu'il préférait bricoler, une activité qui, répétait-il, ne pouvait que plaire à Notre Seigneur, Lui-même Fabricant de l'Univers. L'horlogerie devint sa passion. Il aimait l'enchaînement des rouages, la discipline de la précision.

Il fut accepté au séminaire d'Irkoutsk où son intelligence et ses dons manuels éblouirent ses professeurs. Ordonné prêtre, il se porta volontaire pour une première affectation à Unalaska, dans l'est des Aléoutiennes, où il arriva en 1821.

Pour gagner la confiance des autochtones, il usa d'une méthode simple et qui correspondait à ses goûts : les aider à construire leurs maisons. Stupéfaits de voir un religieux aussi habile de ses mains et utile à la communauté, les Aléoutes se convertirent en masse. Un si bon ouvrier ne pouvait qu'avoir choisi le vrai Dieu.

Autre originalité : non content de laisser ses paroissiens prier dans leur langue — une hérésie pour la plupart de ses collègues popes —, il recueillit tous les mots aléoutes qu'on voulait bien lui apprendre et en tira un dictionnaire, avec les premiers éléments d'une grammaire. La tradition orale pouvait ainsi se compléter par une littérature. Curieux infatigable et universel, tantôt ethnologue, tantôt géologue, botaniste ou ornithologue, il décrivit minutieusement toutes ses découvertes dans un ouvrage qui fait toujours référence : *Notes sur les îles du district d'Unalaska.*

Jaloux de son action en faveur de leurs voisins, les Tinglits le réclamèrent. Il s'installa dans leur capitale de Sitka. Il y construisit, bien sûr, la plus belle des églises, sans oublier l'horloge du clocher qui faisait l'admiration de tous.

Sa renommée grandissait. En 1868, le tsar le rappela. Il quitta désolé l'Alaska et ses habitants auxquels, durant quarante-sept ans, il avait tant donné. Mais comment refuser la responsabilité qu'on lui offrait, devenir le métropolite de Moscou, c'est-à-dire le pape des orthodoxes ?

Il n'oublia jamais ses ouailles, continuant jusqu'à sa mort, en 1879, à s'inquiéter de leur sort : l'hiver n'avait-il pas été trop rude ? La nourriture ne leur manquait-elle pas ? Et surtout, malgré la vente de l'Alaska aux États-Unis, conservaient-ils leur foi et leur culte ?

Dieu l'exauça, qui avait forcément pour lui de

la bienveillance, ne serait-ce qu'en raison de leur confraternité de fabricants. Nous avons pu le constater : la religion orthodoxe demeure vivace sur ces rivages.

VIII

LE VOYAGE DES RENNES

Été 1894

Salut au Dr Sheldon Jackson, Agent général des États-Unis pour l'éducation en Alaska et par ailleurs missionnaire presbytérien ! Parcourant l'immense région dont il avait la responsabilité, il rencontrait partout des famines. En cette fin de XIXe siècle, la chasse à la baleine était devenue une industrie. Comment les Iñupiat et leurs kayaks pouvaient-ils lutter avec les grands navires ?

Le révérend n'était pas homme à se désoler. Prier Dieu ne servait à rien si l'on ne s'aidait pas soi-même. Une idée lui vint.

Il prit contact avec certaines autorités de Norvège qui acceptèrent de participer au projet. Une annonce fut passée dans les journaux. On y demandait un Lapon de religion chrétienne parlant anglais, connaissant bien les rennes et prêt à travailler au loin un minimum de trois ans. William Kjellmann, qui remplissait toutes ces conditions, fut retenu. À son tour, il embaucha six couples de mêmes compétences et qualités, et tous accompagnés d'enfants. Et c'est ainsi qu'un beau jour de l'été 1894, les habitants du petit village de Teller, au nord de Nome, virent débarquer un groupe de visiteurs étrangement vêtus. Ils portaient de drôles de chapeaux à quatre coins et la pointe de leurs chaussures se relevait, comme l'avant des traîneaux. Individus par ailleurs sympathiques et, à la différence des voyageurs habituels, pas du tout surpris par le vide de la toundra.

Sitôt installés, ils s'occupèrent des deux cents cervidés bizarres qui venaient d'arriver. Quelques mois plus tard, les Lapons avaient appris aux Iñupiat quel don de Dieu était le renne et tout ce que l'on pouvait en tirer : viande, lait, peau ; cuillers, aiguilles et outils divers avec les bois et les os.

L'Agent général pouvait être fier de son idée. On venait de partout pour voir ces étrangers et imiter leurs méthodes d'élevage.

Bien sûr, on pouvait noter chez ces Lapons quelques relents animistes dans leur christianisme et s'en désoler. D'autant plus que les Iñupiat partageaient le même penchant coupable pour ces histoires enfantines d'esprits et de Mère Nature. Mais ces dérives exceptées, il faisait bon voir les échanges se développer entre les deux peuples du Nord dans les techniques de séchage de poisson, par exemple, ou la manière optimale d'utiliser les chiens pour garder les troupeaux.

Bientôt, d'autres familles lapones arrivèrent et beaucoup, beaucoup d'autres rennes. On les installa partout, jusque dans les îles Aléoutiennes.

IX

GLOIRE À NORDENSKJÖLD

Dans la famille Nordenskjöld, de génération en génération, on se transmet trois passions : la glace, la mer et la science.

L'un des ancêtres les plus fameux, Johann Erik, dirigeait en Finlande des manufactures de salpêtre. Lorsqu'en 1710 la peste éclate, il embarque tous ses proches sur un bateau et ne revient sur terre qu'une fois l'épidémie éteinte. Un autre, Adolf Gustav, par ailleurs colonel, construit le premier musée d'histoire naturelle. Otto Magnus, frère du précédent, devient un héros national de ces régions où l'on vit du bois en introduisant la scie à lames multiples. Cet homme de bien sera persécuté par les autorités civiles avant d'être excommunié : l'audace insupportable lui était venue de proposer une paix perpétuelle entre toutes les nations chrétiennes.

Le 18 novembre 1832, Adolf Erik naît à Helsinki dans cet environnement familial de savants et de philanthropes, dispersés entre la Finlande, la Russie et la Suède. La liberté des Nordenskjöld dérange les puissants. Il faut souvent déménager. Tel sera le destin de notre héros. Pour avoir, dans une taverne, tenu des propos jugés injurieux par la police tsariste, il est chassé du poste qu'il vient de remporter par concours : directeur de la faculté de mathématiques et de physique. C'est ainsi qu'il gagne Stockholm. Et que la gloire du premier *passage* revient à la Suède.

Quand on sait qu'à treize ans il avait déjà publié de nombreux articles sur les mollusques et qu'il était aussi spécialiste de minéralogie et de chimie, on a une idée de l'ampleur intellectuelle du personnage.

Et l'on comprend aussi pourquoi il a réussi là où tant d'autres, depuis trois siècles, avaient échoué : passer *par le nord*, de l'Atlantique au Pacifique.

Cette réussite doit peut-être à la chance, comme toute entreprise, mais une chance si bien préparée qu'elle aurait eu mauvaise grâce à se refuser.

La ressemblance avec la découverte de l'Amérique est frappante. Christophe Colomb n'a pas décidé, un beau jour, de s'en aller vers l'ouest. C'était l'un des meilleurs marins de son temps. Et huit ans durant, à Lisbonne, comme cartographe associé à son frère Bartolomé, il avait méticuleusement amassé tout ce que l'on savait sur l'Atlantique.

De même Adolf Erik Nordenskjöld.

Ses notes montrent qu'il se fit d'abord historien du *passage*. Il a tout retenu des récits de ses prédécesseurs, les raisons de leurs avancées, les explications de leurs échecs. Non content de ce savoir livresque, il multiplie les voyages d'étude au Spitzberg et au Groenland avant de gagner, toujours par la mer, les embouchures de l'Ob et de l'Ienisseï. De ces périples, Nordenskjöld tire quatre conclusions.

1. L'été venu, la débâcle des immenses fleuves sibériens engendre un puissant courant du sud qui repousse vers le nord les glaces côtières. À partir de juillet, la route devrait donc se trouver libérée.

2. Les bateaux qui se sont engagés dans ces expéditions n'étaient pas adaptés aux conditions de navigation : trop fragiles face aux glaces mais aussi face aux tempêtes, fréquentes et terribles dans ces parages. On ne lance pas dans ces aventures des barques construites à la va-vite, et calfatées avec… de la mousse.

3. La question du ravitaillement est cruciale. En charbon, d'abord. Car il faut bien alimenter les chaudières. Mais aussi en alimentation pour les hommes. Plus nombreux, sans doute, sont les explorateurs du Grand Nord à être morts du scorbut que noyés, broyés par les glaces ou dévorés par les ours.

4. De tels voyages coûtent cher. Sans les financements appropriés, aucune chance de succès. Comment ne pas repenser à la Compagnie des marchands aventuriers créée dès 1552 par l'Anglais Sébastien Cabot ? À Stockholm, ces finan-

ciers seront trois : Oscar Dickson, inlassable soutien de toutes les expéditions (on baptisera de son patronyme l'un des ports de la côte) ; Alexandre Sibériakoff (la proximité de son nom avec celui de la région à explorer joua-t-elle dans sa décision de contribuer ?) et le roi de Suède lui-même, un autre Oscar.

Fort de ces enseignements, Nordenskjöld se prépare avec minutie. Ainsi son navire amiral qui deviendra légendaire, le *Vega*, est-il conçu et bâti pour la mission que l'on attend de lui. C'est un solide trois-mâts de 350 tonneaux, présumé rapide à la voile (10 nœuds) mais aussi pourvu d'un moteur de 60 chevaux qui permettra d'atteindre les 7 nœuds. Un équipage de vingt hommes est recruté, dirigé par un marin reconnu, Palander. S'y ajoutent de nombreux scientifiques, dont un botaniste, deux zoologues et un médecin par ailleurs spécialiste des lichens.

Trois autres navires vont accompagner le *Vega*. Le *Fraser* et l'*Express* transporteront du charbon pour le ravitailler le moment venu. Et le *Lena*, plus léger, ouvrira la voie le long des côtes grâce à son faible tirant d'eau.

Le 4 juillet 1878, la petite escadre quitte Göteborg, le port de Kalkona. Mais le véritable départ a lieu de Norvège, pour être plus précis de Tromsø, le 21 juillet. Une foule nombreuse acclame les audacieux.

Un seul petit mois plus tard, le fameux cap Tchéliouskine est doublé, une barrière que personne n'avait pu jusque-là franchir ! Conformément à ses prévisions, Nordenskjöld n'a pas rencontré la moindre glace.

Aucun voyage n'est plus facile. Et le pari d'atteindre le Pacifique aurait été gagné dès cette année-là si Nordenskjöld n'avait donné tout leur temps aux scientifiques qui l'accompagnent pour mener à bien leurs recherches. La récolte sera riche en spécimens les plus divers de plantes et d'animaux qui de retour en Suède feront le bonheur des naturalistes.

Le détroit de Béring n'est plus loin, à peine 120 milles nautiques. Mais la saison avance. Les glaces se font de plus en plus nombreuses et compactes. Bientôt, le 28 septembre, il faut se rendre à l'évidence : le *Vega* est pris. Pas d'autre solution que de se préparer à l'hivernage.

Nordenskjöld avait aussi prévu cette hypothèse. Le confort du bateau permet à l'équipage de supporter sans dommage cette épreuve. Mieux, ce long arrêt forcé donne l'occasion de nouer des liens d'amitié avec les autochtones, les Tchouktches, dont on n'avait à l'époque qu'une connaissance des plus vagues. C'est ainsi que l'on doit à Nordenskjöld les premières études sur ce peuple.

À Menka, un chef tchouktche, venu rendre visite au *Vega*, Nordenskjöld souhaite confier des lettres pour qu'il les fasse porter à quelque ville d'où on pourrait les envoyer vers la civilisation. Le prisonnier des glaces veut donner des nouvelles. C'est son obsession. Tout le monde en Finlande doit les croire disparus, noyés ou broyés. Mais le Tchouktche refuse net : il trouve que cette préoccupation est enfantine et ne vaut en aucun cas les risques que comporte tout voyage, en pleine nuit, par – 40 °C.

Nordenskjöld finit par se résigner. D'autant qu'il apprécie vite ces gens dont les conditions de vie sont si terribles. Quand ni phoque ni ours ne se présentent et que la famine les menace, il leur distribue une partie des vivres qu'il avait, en prévoyant large, accumulés dans le *Vega*. Pour le remercier, les Tchouktches viennent un jour en file indienne lui apporter chacun… un bloc de glace. Humour local.

Si un jour vous devez hiverner, choisissez de préférence un bateau suédois. Ce pays a le génie du confort de la maison. Le seul risque, c'est l'ennui et le découragement. Dans cette nuit perpétuelle, les jours passent lentement. Nordenskjöld se désole de ne pas avoir choisi des marins un peu musiciens ou doués pour le théâtre. Hélas, aucun talent ne se révèle. Et il faut se contenter d'écouter les conférences des scientifiques. Ils se creusent la mémoire pour raconter tout ce qu'ils savent, jusqu'au rôle de la feuille dans la végétation.

Le 18 juillet 1879 : « Après avoir levé l'ancre ou plus exactement retiré les amarres qui avaient retenu le *Vega* au glaçon échoué, son fidèle et unique abri contre les violentes tempêtes et la pression des glaces, notre navire fit vapeur jusqu'à quelques kilomètres dans la direction du nord-ouest, afin d'éviter les banquises ; puis il s'avança le long de la côte vers la pointe orientale de l'Asie, le cap Est. Notre navigation cessa d'être entravée par la glace, mais elle le fut par la brume qui nous empêchait de distinguer nettement l'aspect de la côte assez élevée en cette région. »

Le 22 juillet, le *Vega* atteignit Port Clarence, c'est-à-dire… l'Amérique : « La pointe orientale de l'Asie fut doublée, le 20 juillet, à onze heures du matin ; le *Vega* arbora son pavillon et tira cinq coups de canon. Nous l'avions donc enfin atteint ce but poursuivi par tant de navigateurs depuis que Sir Hugh Willoughby quitta le port de Greenwich, le 20 mai 1553, au bruit du canon et des hourras des marins en grande tenue… Les choses alors tournèrent bien mal, on le sait, pour Sir Hugh et la plupart de ses compagnons ; ils n'en eurent pas moins l'honneur de frayer la voie à leurs compatriotes. »

Adolf Erik n'avait pas oublié son prédécesseur, le si vaillant Dejnev. C'est de son nom qu'il baptisa l'extrémité Nord du continent. D'autres Nordenskjöld reprendront le flambeau de la découverte.

À commencer par Otto, neveu de notre Adolf Erik.

Souvenez-vous. Nous l'avions rencontré dans le Grand Sud, sur l'île de Snow Hill, à l'extrême ouest de la mer de Weddell. Restent dans les mémoires l'épopée de son hivernage en 1902, le naufrage du bateau venu les récupérer, le nouvel hiver sur l'île Paulet avant le (miraculeux) sauvetage final…

X

L'ÉPOPÉE DU *TCHÉLIOUSKINE* ET AUTRES HISTOIRES

Telles les vagues à l'assaut de la côte, la route du Nord voit se succéder les tentatives suivies d'autant de retraits. Chaque fois, le froid semble engourdir les volontés devant l'ampleur de la tâche. Le passage est interprété tantôt par les Russes comme une route nationale, tantôt par d'autres pays comme un passage international.

Béring a relancé, plus au sud, le commerce des peaux mais très vite l'Arctique russe est entré de nouveau en léthargie.

Nordenskjöld ranime l'endormi et les velléités étrangères. Mais si son exploit est salué par les scientifiques, il semble évident que les risques et le caractère incertain du passage ne peuvent en faire un enjeu commercial. Les côtes sibériennes retournent une nouvelle fois à leur assoupissement. Les conditions de navigation sont toujours l'obstacle majeur. Au XIXe siècle, sur les cent vingt-deux convois censés transporter des produits agricoles en provenance de Sibérie, à peine la moitié y parvient.

Le véritable réveil commence à l'orée du XXe siècle. Les techniques de navigation le permettent : navires à moteur, coques en fer, développement de la météo. Nicolas II, le dernier des tsars, fort de ces avancées technologiques et peut-être agacé par les maraudes des Européens du côté de la Nouvelle-Zemble et de la terre François-Joseph, relance les expéditions. Elles permettent de découvrir le dernier archipel, celui de la Terre du Nord, en 1913. En 1915, le second passage complet est à l'actif des brise-glaces russes, *Taïmyr* et *Vaigatch*, sous les ordres de Boris Vilkitski. La route maritime du Nord y regagne un statut de voie de navigation intérieure.

La révolution russe n'est qu'une courte parenthèse où les bolcheviks ont mieux à faire que de se préoccuper de ces mers lointaines et gelées. Mais six mois à peine après la victoire de Lénine, un programme scientifique est lancé. Il faut rompre l'isolement diplomatique et géographique, et porter les lumières révolutionnaires jusqu'aux confins du monde. Le Nord-Est devient une voie stratégique et va le rester. Dès 1920, un comité *ad hoc* est créé. En 1921, le Grand Nord voit défiler vingt-trois expéditions et quatre cents personnes. C'est la période d'implantation des bases dans les îles, depuis la terre François-Joseph jusqu'à l'île Wrangel. On rêve de pêcheries nouvelles pour nourrir un peuple affamé, mais aussi d'acheminer depuis la Sibérie le bois, le grain, les fourrures, le minerai dont l'exploitation débute, tout comme celle du charbon. La partie occidentale entre Mourmansk et l'Ob, la plus navigable, sera la première à se développer sous le nom de « route de Kara ».

Dès les années 1930, il est temps d'aller plus loin. La route du Nord prend une dimension mythique ; bastion de l'inaccessibilité, elle doit prouver la capacité à édifier le socialisme jusqu'aux extrêmes marges de la nation. Dans un pays encore exsangue et désorganisé, les braves reprennent du service. En 1932, la traversée, entre Arkhangelsk et Yokohama, du brise-glace *Sibiriakov* prendra soixante-six jours et ne s'achèvera que grâce à une voilure de fortune suite à une avarie de machine. L'année suivante, le désastre du *Tchéliouskine* est converti en épique épisode de sauvetage.

Le 2 août 1933, le *Tchéliouskine* quitte Mourmansk. C'est un bateau d'une centaine de mètres, construit au Danemark et renforcé pour affronter les glaces. Objectif : Vladivostok.

Pour les autorités soviétiques, il s'agit de prouver l'ouverture définitive de la nouvelle route.

Le nom de ce vapeur n'a pas été choisi par hasard. Semyon Wanovitch Tchéliouskine est l'un des plus grands explorateurs russes (1700-1764). Après diverses expéditions au Kamtchatka, il s'était concentré sur la péninsule de Taïmyr et avait gagné à l'extrême nord de l'Asie, un cap que l'on baptisera aussi… Tchéliouskine.

Staline veut que s'écrive la suite de cette histoire glorieuse. Une nouvelle légende va naître que personne ne peut prévoir. Le responsable de l'expédition est lui aussi un mythe : Otto Schmidt, grand scientifique, mathématicien, astronome, géophysicien, directeur de la Glavsevmorput, la direction générale de la route maritime du Nord.

En ce beau mois d'août 1933, cent onze personnes ont embarqué : l'équipage sous le commandement de Vladimir Voronine, de nombreux invités, pour la plupart des savants, et toute l'équipe de relève de la station installée sur l'île Wrangel.

Après des débuts faciles, le *Tchéliouskine* progresse de plus en plus difficilement. Dès le mois de septembre, il est bloqué dans la mer des Tchouktches, près de l'île de Kolynchin, et se met à dériver. Le 13 février 1934, le *Tchéliouskine* coule, écrasé par la pression des glaces. Un des membres d'équipage, parti récupérer à bord quelques effets personnels, disparaît avec le bateau.

Partout dans le monde, l'émotion grandit : comment sauver les cent dix prisonniers ? Il apparaît bientôt que la seule possibilité est la voie aérienne. Les rescapés aménagent, dans de terribles conditions, un semblant de piste d'atterrissage. Et dès le printemps, les rotations commencent, ponctuées d'accidents et de la reconstruction permanente de la « piste » sans cesse détruite par les mouvements de la banquise.

Vol après vol, les « tchéliouskinites » sont ainsi

arrachés à ce piège mortel et transportés sur la côte.

La plupart seront rapatriés en avion vers le détroit de Béring mais cinquante-trois d'entre eux l'atteindront après avoir traversé en marchant… près de 500 kilomètres de toundra désertique. On imagine la fête nationale quand revinrent à Moscou les rescapés !

Nouvel épisode de la légende Tchéliouskine ! Et l'occasion de créer un nouveau titre : Héros de l'Union soviétique. C'est la récompense (suprême) que recevront les intrépides aviateurs.

Par terre, par mer, par air, la bataille du Grand Nord est lancée. Les géologues apportent de bonnes nouvelles, le sous-sol de la Sibérie regorge de minerai, de charbon, de pétrole. L'économie soviétique en a besoin. Il faut aussi contrôler ces peuples lointains, les gagner à la nouvelle société.

On met en chantier des générations de navires de guerre, de commerce, de recherche et des brise-glaces à vapeur. Dès le milieu des années 1930, des villes sortent de terre pour servir de relais maritimes : Dickson, Tiksi, Providenya, tout comme des relais d'aviation. Les pensionnaires du goulag viennent prêter main-forte à ce développement au prix de leur vie. Certains d'entre eux sont des anciens explorateurs de la Terre du Nord, d'autres furent géologues dévoués ; il y a même quelques héros de l'épopée du *Tchéliouskine*, qui ont eu le tort d'une parole de trop. La route du Nord voit passer une centaine de navires par an qui assurent le ravitaillement des villes nouvelles à l'aller et transportent le minerai au retour. Du point de vue militaire, la jonction se fait entre la flotte de Mourmansk et celle de Sébastopol.

1937 est une mauvaise année, la glace est abondante. L'administration qui règne sur ce « *far east* » est déjà pléthorique, forte de 30 000 personnes dont le nombre réglementaire de commissaires politiques. Comme toutes les machines hypertrophiées, sa bureaucratie et l'impéritie générale entraînent des drames. Le tiers des convois est bloqué. Mais globalement, à l'aube de la Seconde Guerre mondiale, onze phares et trois cent quinze balises ponctuent l'immense côte sibérienne et permettent les mois d'été le passage d'un demi-million de tonnes de fret.

La guerre va bouleverser ce bel élan, mais pas l'arrêter. Dès que l'URSS tournera le dos au régime hitlérien, la route du Nord se révélera précieuse. C'est par elle que les Britanniques à l'ouest et les Américains à l'est vont déverser des milliers d'avions, de chars, de munitions, et de ravitaillement en tous genres. Et pour la seule année 1941, 100 000 tonnes d'installations minières menacées par le front européen et 97 000 travailleurs seront évacués vers Doudinka, moins exposé. Pendant ces années terribles, le passage du Nord-Est redevient un enjeu international.

Après la guerre, les alliés d'hier devenus des

ennemis, le rideau de glace tombe côté Pacifique entre l'URSS et les États-Unis.

Pour la reconstruction et le développement de l'économie, la question minière est centrale et la route du Nord reste le moyen le moins cher de desservir ces horizons lointains. Les zones polaires deviennent également stratégiques pour surveiller et pourquoi pas bombarder un jour, par-dessus le pôle, les puissances impérialistes. Dans les années 1950, la flotte arctique est renouvelée, les brise-glaces à fuel font leur apparition, ainsi qu'en 1960 le premier brise-glace à propulsion nucléaire, le fameux *Lénine*. De 444 000 tonnes de fret en 1945, on passe à 1 455 000 tonnes en 1965.

En 1967, l'URSS tentera timidement d'offrir les services du passage du Nord-Est aux navires étrangers. L'un d'entre eux s'y risquera, mais l'offre sera vite retirée pour ne pas mécontenter les Arabes alliés et leur canal de Suez.

Dans les années 1970, il faut toujours plus de matières premières pour nourrir l'appareil industriel. Les Russes envisagent un passage hivernal qui est expérimenté en 1972, avec succès, vers Tiksi.

En 1992, 3 600 000 tonnes transitent par la route du Nord, au prix d'un désastre écologique total. À terre autour des mines, en mer et sur les côtes, ce ne sont que machines rouillées, fûts de produits toxiques, déchets radioactifs, pluies acides et pollution généralisée des fleuves et des sols qui contaminent la mer. La biodiversité recule partout.

La chute de l'URSS entraîne une nouvelle fermeture de la route du Nord. Les complexes miniers sont à la peine. Les habitants des villes-ports sibériennes se hâtent de fuir vers d'autres cieux plus cléments. Les peuples autochtones sont abandonnés à leur sort et à la mauvaise vodka. Est-ce la fin de tant d'efforts ?

Arrive le XXIe siècle. Vladimir Poutine est porté par les découvertes gazières et pétrolières qui se multiplient dans l'Arctique. Le réchauffement climatique et la mondialisation font entrevoir des possibilités d'un commerce direct Chine-Europe. Le maître du Kremlin entend aussi que son pays soit reconnu comme LA nation arctique tant pour son avance logistique que pour ses prétentions territoriales et l'extension de sa ZEE (Zone économique exclusive).

En 2007 est lancé le *50 Let Pobedy* (*50 ans de la victoire*), le plus gros brise-glace nucléaire jamais construit. Ses deux réacteurs de 75 000 chevaux chacun sont capables de le propulser à 18 nœuds à travers 2,80 mètres de glace. D'ici à 2030 sont prévus 6 autres brise-glaces nucléaires et autant de conventionnels, 12 bateaux océanographiques et 60 navires de classe polaire. Le gouvernement a débloqué 20 milliards de dollars, rien que pour moderniser les constructions navales. Dix centres de secours répartis sur la route sont au programme, comme le réaménagement des quais et des ports, et même le lancement de quatre satellites dédiés à la météo, à l'observation du changement climatique et à la surveillance. Les entreprises privées issues du dépeçage de l'ère soviétique ne sont pas en reste. Lukoil, Novatek, Gazprom passent commande de pétroliers « classe glace » et de porte-conteneurs renforcés. Comme par le passé, la « route de Kara » est la plus fréquentée qui donne accès au nouvel eldorado pétrolier et gazier. Mais le passage du Nord-Est dans son ensemble est également concerné. Le trafic international y est en hausse constante. Les Chinois envoient un porte-conteneurs, puis leur propre brise-glace en éclaireurs. L'État russe réactive des bases d'appui sur les îles et la côte, contrôlées par la flotte militaire.

XI

LE MUR DU PACIFIQUE

Nome n'est pas une belle ville. Sous le soleil ou sous la pluie, elle a le même air d'abandon. Sa gloire fanée de tête de pont de l'exploitation aurifère, de ville pionnière, de port de pêche, se traduit en baraques mal soignées, entrepôts et pontons rafistolés où rouillent des déchets industriels. Çà ou là, un amas de gravats, une mare constellée de vieux plastiques. Le centre du bourg, place déserte devant une vilaine église, pousse le mauvais goût ou le dénuement à n'avoir, pour tout ornement, que d'anciens godets de mine remplis de végétaux à la pousse incontrôlée. Bref, Nome a mal vécu et vieillit mal. Tout ici semble se conjuguer à l'imparfait. Lorsque, le dos à la mer, on contemple la ville, il vous vient un soudain espoir. Là, sur la colline qui barre la vue, au-delà des dernières maisons, trône ce qui ressemble à une station de télescope : quelques bâtiments dont l'un est surmonté d'un dôme de taille appréciable. Ne rêvez pas, comme nous, à quelque station d'observation des étoiles que la proximité du pôle rendrait particulièrement indispensable à l'astronomie, à un deuxième souffle scientifique qui pourrait ranimer la cité. Hélas, il ne s'agit que d'un déchet de plus : celui de la DEW line. DEW pour Distant Early Warning.

Revenons à la fin de la Seconde Guerre mondiale. L'ours soviétique et l'aigle américain, après avoir uni leurs forces pour défaire l'empire nazi, se sont aussi vite brouillés pour s'en partager les dépouilles. Les deux superpuissances que la guerre a consacrées sont à un cheveu d'en découdre. Nulle part le face-à-face n'est plus tendu que dans ce détroit de Béring, où elles doivent se supporter jour après jour. De la Petite Diomède américaine à la Grande Diomède russe, il n'y a que quelques milles marins ; de l'Alaska à la Tchoukotka, quelques dizaines. L'Union soviétique va militariser ses côtes et déporter les habitants de la Grande Diomède pour la transformer en camp militaire. Des familles des deux îles, habituées depuis toujours à commercer et à se marier sans le secours d'aucun passeport, vont se perdre de vue à tout jamais. Ainsi va la sagesse des nations.

Côté américain, il restait, un peu partout en Alaska, un chapelet de terrains d'aviation construits à la hâte pendant la guerre. On s'empressa de les agrandir et d'y installer de solides bombardiers. Mais dès 1949, chacun roulant ses muscles technologiques, les Américains s'avisèrent que les nouveaux avions russes longue portée, basés en Tchoukotka, menaçaient, bien au-delà de leurs côtes, quelques grandes villes de l'ouest, des sites nucléaires et la déjà fameuse usine Boeing de Seattle. L'US Air Force préconisa donc de déménager les sites 2 000 kilomètres plus à l'est. Cette proposition déclencha les foudres des collectivités locales, affolées de perdre des dizaines de milliers de citoyens aux confortables salaires. Le salut vint du gouverneur de l'Alaska, Ernest Gruening, qui fit remarquer aux militaires que leur solution était à bien courte vue car, la technologie aidant, il n'y aurait bientôt plus une parcelle de territoire américain qui serait à l'abri d'une attaque russe. Réflexion prémonitoire : moins de dix ans après, les Migs soviétiques se joueraient des distances. Plutôt que ce déménagement désastreux pour l'économie locale, pourquoi, poursuivit le malin gouverneur, ne pas fortifier la côte par une ligne de radars capables de signaler toute intrusion dans le ciel américain ? C'est sur la route aérienne directe, de la Tchoukotka à Seattle, passant par l'Alaska, qu'il fallait faire porter l'effort !

La réalité dépassa sans doute les espérances du gouverneur. Des dizaines de millions de dollars plurent sur l'État ; 23 000 hommes déferlèrent pour construire des routes et acheminer le matériel nécessaire à l'édification de 50 postes radars étalés sur 3 000 kilomètres le long des côtes Pacifique et Arctique. Reliées par des milliers de kilomètres de câbles, les stations veillaient nuit et jour, prêtes à faire décoller les avions de chasse. Des milliers d'hommes, tel le lieutenant du *Désert des Tartares* de Dino Buzzati, attendirent un ennemi qui jamais ne vint. En Alaska, vers la fin des années 1960, un habitant sur six était militaire. Dans leur sillage, ils amenaient femmes, enfants, commerces, écoles, habitations, autoroutes, aéroports, mais aussi hausse des prix, atteintes à l'environnement, et une foule de desperados comme les États-Unis en ont le secret.

Au début des années 1960, la mise au point des missiles intercontinentaux et, plus tard, le projet de « guerre des étoiles » rendirent caduque la DEW line. Il n'était plus besoin de se survoler pour s'entretuer. Elle fut remplacée dès 1993 par le North Warning System, un réseau de radars longue portée beaucoup plus performant. Les postes de la DEW line furent abandonnés et attendent encore pour la plupart d'être démantelés et dépollués. Celui de Nome demeure, veillant sur la ville avec moins de grâce qu'un château fort, témoin pour les générations futures de l'ingéniosité des hommes dans les actions guerrières.

XII

DU MALHEUR D'ÊTRE ALÉOUTE

Îles Aléoutiennes
52° N ; 175° O

Les peuples peuvent redouter deux choses : se trouver dans un pays riche en matières premières et pauvre en démocratie, ou habiter dans un lieu de confrontation géopolitique. Les Aléoutes, malheureux habitants des Aléoutiennes, ont subi les deux. Le rush russe sur les animaux à fourrure au cours des XVIIIe et XIXe siècles a fait d'eux des esclaves. Vaillamment, ils ont supporté enlèvements, assassinats, tortures et travail forcé (leur population chuta de 90 % en cent cinquante ans). La vente de l'Alaska aux États-Unis aurait dû sonner l'heure de l'apaisement. Quel meilleur passeport que celui de la première puissance mondiale ? Sa constitution ne se réclame-t-elle pas de « la recherche du bonheur » ?

C'était compter sans cette satanée position géographique. On ne vit pas impunément aux avant-postes d'un géant. Durant la Seconde Guerre mondiale, les Aléoutiennes furent le seul territoire des États-Unis à être envahi par les

Japonais. Certes, il ne s'agissait que des deux îles les plus occidentales, Attu et Adak, mais le ver était dans le fruit et le danger certain. Par une sorte de préfiguration de l'après-11 septembre où tout musulman devint suspect, en 1942, tout citoyen d'origine japonaise, même avec un passeport américain, se retrouvait espion potentiel.

Le 19 février 1942, le président Roosevelt signait une ordonnance permettant d'évacuer toute population de certaines zones. Toute assistance en nourriture, médicaments, vêtements, transport devait, bien sûr, leur être assurée. Le zélé lieutenant général DeWitt proclama donc l'évacuation de tous les étrangers, japonais, allemands et italiens, ou de tous ceux qui avaient de telles ascendances, et leur mise en camp de rétention. Pourquoi les Aléoutes furent-ils du nombre ? Leur ascendance mongoloïde remontait à plusieurs milliers d'années. À aucun moment il n'y eut trace d'entente ou même de contact entre eux et les Japonais. Les Américains voulaient-ils avoir les mains libres pour mener leur guerre ? Craignaient-ils d'avoir à parlementer avant d'établir des bases à travers toutes les Aléoutiennes ? Durant les mois de juin et juillet 1942, tous les habitants des îles Pribilov, des villages d'Akutan, Boirka, Kashega, Makushin, Nikolski et Unalaska furent raflés sans sommation, parfois en plein milieu du petit-déjeuner, avec interdiction d'emporter plus qu'une valise. Vite, vite, les œufs du breakfast refroidissaient à peine que déjà le village était en flammes. Rien ne devait tomber aux mains des Japonais. Les promesses d'assistance furent loin d'être tenues. On se débarrassa des Aléoutes en les entassant dans des conserveries abandonnées, parfois en partie brûlées, ou d'anciens camps de mineurs. Sans chauffage durant l'hiver, avec les seules hardes qu'ils avaient sur le dos au moment de la rafle, à peine de nourriture, pas de barques pour pêcher et bien entendu aucune assistance médicale… La pneumonie et la tuberculose fleurirent dans des corps affaiblis par la faim et le froid. Ce n'est qu'en 1945 que les Aléoutes purent retourner dans leurs villages dévastés. Pour plus d'efficacité, l'administration choisit de regrouper les survivants dans un nombre limité de localités, coupant de leurs racines des hommes qui sont avant tout attachés au territoire de leurs ancêtres.

Nous déambulons dans Fall's Pass, sur l'île d'Unimak. Pas de rues ici, le sol est trop meuble, mais des passerelles en bois jetées entre les maisons. Des chiens tirent à la laisse, des enfants obèses lancent des cailloux. Dans la maison commune, quelques femmes, toutes aussi massives les unes que les autres, préparent les gâteaux et les boissons sucrées qu'elles vendront aux touristes qui arriveront bientôt sur le paquebot de la semaine. Où sont les hommes ? Une partie d'entre eux, embauchée pour la saison de pêche, ne rentrera que dans quelques semaines, les autres parsèment le caniveau le long des passerelles, couchés, insensibles à la pluie qui ne distrait même plus leurs rêves d'ivrognes. Qu'est devenu le peuple aléoute, longtemps regardé comme le meilleur marin de toute la mer de Béring ?

À trop souffrir, les peuples meurent.

TROISIÈME PARTIE

Îles perdues, îles inconnues

Pour situer le Svalbard sur la carte générale,
voir page 19.

I

SVALBARD : L'ARCHIPEL DES BALEINES

78° 13' N ; 15° 38' E

Depuis que Barents l'a découvert en 1596, et plus encore après que Hudson en eut vanté les richesses en mammifères marins, le Spitzberg, la plus grande des îles de l'archipel du Svalbard, attire de plus en plus les Européens. Il faut éclairer les villes et fournir l'industrie naissante en huile. L'agriculture ne peut assez produire. Les baleines des Basques s'épuisent. On s'avise alors que celles du Groenland, plus grosses, sont capables de fournir jusqu'à 30 tonnes de graisse.

Dès la première moitié du XVIIe siècle, la côte ouest de l'île voit donc arriver de plus en plus de pêcheurs. D'abord les Anglais, puis deux ans après, les Hollandais, les Danois, les Français et une kyrielle d'indépendants de tout poil. Les grandes nations se font rapidement accompagner de navires militaires pour se protéger des escarmouches entre flottes rivales. Un *modus vivendi* finit par attribuer à chaque pays un territoire de chasse et les activités prennent un tour industriel. Les animaux capturés près des côtes sont remorqués à terre pour y être traités, et l'on comprend rapidement qu'il est fastidieux de trimbaler à chaque voyage le matériel adéquat. Des stations terrestres sont ouvertes. À ce petit jeu, les Hollandais, dès 1617, se montrent les plus efficaces. Ils investissent l'îlot d'Amsterdam, au nord-ouest du Spitzberg, qui est bientôt connu comme « la ville du lard ». En pleine saison, 200 personnes habitent des maisons en dur protégées par un fort et font tourner jusqu'à huit bouilleurs.

Graissage, éclairage, savons, onguents, cosmétiques, ingrédients pour parfums et aphrodisiaques, baleines pour les ombrelles et les corsets de ces dames : l'activité baleinière du Spitzberg déverse des centaines de millions dans les caisses des armateurs et des marchands. L'avidité connaît comme partout sa sanction. Avant 1650, les baleines ont déserté les côtes. Parallèlement, les techniques de traitement à bord ont progressé. Les bateaux partent traquer les animaux au large. Le Spitzberg est abandonné aussi vite qu'il avait été investi.

Dans le même temps, les Pomores russes se déploient à l'intérieur des îles, hivernant dans de mauvaises cabanes à la recherche des ours, renards polaires et défenses de morses en été. Les mêmes causes produisant les mêmes effets, ils s'en retirent au début du XIXe siècle, après avoir décimé les populations. Le champ est libre pour les Norvégiens, chasseurs de rennes. Ils massacrent à leur tour, avec méthode. Quand tout l'archipel du Svalbard a été vidé de ses occupants à graisse, à peau, à plumes et à poils, ne restent que les grandes montagnes solitaires. Mais le Spitzberg n'en a pas fini avec les hommes : après l'exploitation du vivant, vient celle du minéral. C'est en 1610 qu'un capitaine s'avise d'affleurements de charbon. Trois siècles plus tard qu'ouvrent des mines. Américains, Russes, Britanniques, Suédois et Norvégiens s'y bousculent, créant qui un port, une voie de chemin de fer, qui un funiculaire pour récupérer le précieux minerai. Ny Alesund, Grumantbyen, Barentsburg, Pyramiden, Sveagruva et bien sûr la « capitale » Longyearbyen accueillent les premières vraies implantations humaines, sous forme de milliers de gueules noires arrachant au sol des centaines de milliers de tonnes de charbon.

Le 9 septembre 1920, le Svalbard entre officiellement dans le concert des nations. La terre vierge acquiert la nationalité norvégienne. En contrepartie, les Norvégiens s'engagent à laisser libre champ d'exploitation aux nations déjà présentes et à respecter une démilitarisation. Las, la faiblesse des gisements, les coûts et la rigueur du climat découragent peu à peu les compagnies minières, qui laissent derrière elles, comme toujours, des champs de ruines. Barentsburg, un temps l'orgueil de l'URSS avec sa piscine olympique, finit de s'éteindre dans une ambiance de déglingue postsoviétique. Ses 400 habitants dépendent aujourd'hui plus de l'assistance des

ONG norvégiennes que de la mère patrie. Leur grande pauvreté ne leur donne même plus les moyens de revenir.

Les traités de démilitarisation étant faits pour être violés, celui du Svalbard n'échappe pas à la règle. La Seconde Guerre mondiale y voit une succession d'escarmouches entre Allemands et alliés. L'enjeu était l'établissement de stations météorologiques indispensables aux opérations maritimes dans l'Atlantique.

Quand, enfin, les coups de tromblons et autres canons cessent, il commence à être question de l'exploitation d'une autre ressource : le touriste. Réservé pendant longtemps à une élite fortunée, le Spitzberg est aujourd'hui la glace la plus proche et la moins chère pour les Européens. En été, des vols quotidiens vous déposeront à Longyearbyen d'où vous pourrez marcher, skier, naviguer, pagayer… et acheter des peluches ours polaire, des mugs ours polaire, des écharpes ours polaire, des pulls ours polaire et les mêmes, version baleine, morse ou renne. Cette activité, à bien meilleure valeur ajoutée que le charbon, a transformé la petite ville (environ 2 000 habitants) en un genre de station de ski, bars et boîtes de nuit compris.

La Norvège, consciente de sa responsabilité environnementale, mais aussi soucieuse de ne pas tarir la manne du tourisme « nature », a créé une université à Longyearbyen et une station de recherche internationale à Ny Alesund, dédiées à la biodiversité polaire et au climat.

Trois parcs nationaux, deux réserves naturelles, trois zones de flore protégée et quinze réserves ornithologiques complétées par une restriction sévère de la chasse et de la pêche parachèvent le dispositif de protection. Si l'obligation de porter une arme pour prévenir les attaques d'ours blanc est partout rappelée, la mort d'un plantigrade fait quasiment l'objet d'un incident diplomatique dans lequel l'ours aura raison, à titre posthume, et il vous en coûtera une forte amende.

Last but not least, à quelques kilomètres de Longyearbyen se dresse depuis 2008 un bâtiment futuriste gardé comme Fort Knox. Au fond d'un couloir de 100 mètres creusé dans la montagne, derrière des portes blindées équipées de caméras et de détecteurs de mouvements, se cachent des chambres froides garnies d'étagères et de poches étanches : c'est « l'Alcatraz de la biodiversité ». En 2013, 725 000 graines de toutes les espèces sont censées former une arche de Noé en cas de dévastation climatique, guerrière ou chimique de la planète. Le site de Spitzberg a été choisi en raison de son climat permettant de conserver les graines au froid même en cas de défaillance des systèmes de réfrigération. Des esprits chagrins ont fait valoir que 25 % des fonds nécessaires à cette louable entreprise proviennent de sociétés comme Syngenta, Monsanto et Rockefeller, dont le désintéressement à l'égard de la biodiversité est moins prouvé que leur intérêt à la mainmise sur le vivant et sa brevetabilité. Les plus prudents continuent donc de militer pour une conservation des espèces *in situ*, dans les champs et par les paysans plutôt que dans ce bunker dont rien ne prouve que les semences seront réellement reproductrices après ce long séjour en cave, et démocratiquement accessibles.

Et l'avenir ? Avec la découverte de pétrole dans le nord de la mer de Barents, des plateformes viendront-elles troubler ces eaux qui ont recouvré la paix ?

Un rififi diplomatique est prévisible car le traité de 1920 n'a donné aucun statut à la ZEE (entre 12 et 200 milles des côtes), pour la bonne raison que cette notion de ZEE n'existait pas à l'époque. La Norvège considère que cet espace lui appartient. Que nenni, répondent les autres pays, au premier rang desquels la Russie. Pourquoi attendre la clarification du statut de ces territoires avant d'entreprendre des forages d'exploration ? Tous verraient évidemment d'un bon œil que le traité sur le Spitzberg autorise les quarante pays signataires à toute forme d'exploitation.

En ce qui concerne la pêche, la migration des espèces vers le nord suite au réchauffement climatique a engendré une recrudescence des navires dans les parages. La Norvège s'est entendue avec la Russie pour délimiter une « zone grise » comprenant la ZEE contestée et une partie de leurs ZEE respectives en mer de Barents. La gestion des pêches y est jugée responsable par les intéressés comme peut l'indiquer la remontée des captures de morues. Mais le réchauffement pourrait continuer de faire son œuvre, fragilisant les espèces natives au profit d'espèces invasives, comme le crabe royal.

Les hautes terres du Svalbard n'ont donc pas fini de voir passer les hommes et de supporter leurs ingénieuses idées d'exploitation.

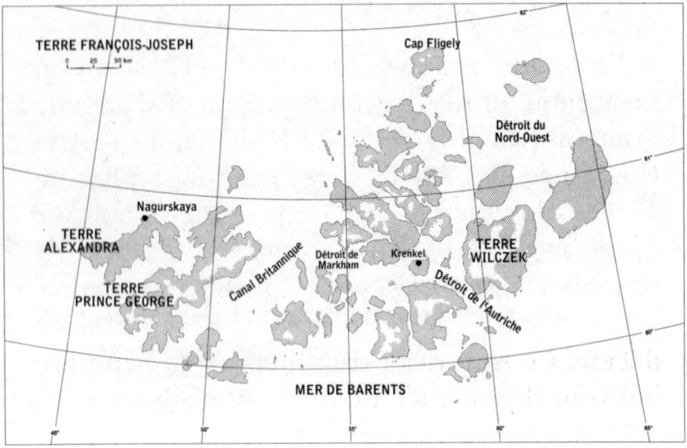

Pour situer la Terre François-Joseph sur la carte générale, voir page 19.

II

TERRE FRANÇOIS-JOSEPH : LE NORD DU NORD

80° 34' N ; 54° 47' E

Très loin, là-haut, dans l'est du Spitzberg, l'extrémité nord du monde européen s'appelle François-Joseph. Ce dédale de cent quatre-vingt-onze îles et îlots, représentant plus de 16 000 kilomètres carrés, enserrés neuf mois sur douze par une banquise compacte, ne pouvait échapper à la frénésie des découvreurs européens du XIXe siècle. L'homme rêve, la glace décide. Ce sont des prisonniers de la banquise qui vont découvrir l'archipel, officiellement en 1873 (les Norvégiens prétendent que ce sont eux en 1865, mais ce n'est peut-être qu'une revendication à tendance nationaliste).

Dans les années 1870, deux fringants lieutenants de la marine austro-hongroise, Karl Weyprecht et Julius Payer, reprennent à leur compte la théorie qui fit tant de morts : au-delà d'une certaine latitude, la mer est libre et peut conduire au pôle. Mais comme celui de Barents avant eux, le pack enserre leur navire, le *Tegetthoff*, au nord de la Nouvelle-Zemble. La longue nuit polaire peine à s'écouler dans des froids de – 40 °C, au milieu des craquements de la coque pressée par les glaces. Passe l'été sans libérer le navire, quand un jour, se morfondant accoudés au bastingage, les marins aperçoivent dans leur nord un profil alpin enveloppé de brumes. Terre ! Elle ne pouvait qu'être appelée du nom de l'Empereur. Las, cet eldorado n'était que terres basses, mousses et lichens piqués de quelques corolles jaunes et blanches de pavots ou de saxifrages et surmontés de sombres plateaux basaltiques. Ni balises de détresse, ni même radio pour nos naufragés de la banquise.

Le second hiver, près de la terre, n'est pas plus enchanteur. Weyprecht est capitaine sur l'eau, Payer sur la terre et la glace. L'un a déjà eu son lot de gloire en reconnaissant l'archipel, l'autre ronge son frein depuis le départ. Maintenant, c'est à lui de jouer. Aux premières lueurs, après quatre mois de nuit polaire, dans des conditions de froid hallucinantes, il parcourt avec son équipe 800 kilomètres en traîneau jusqu'au cap Fligely, l'extrême pointe septentrionale. Les touristes contemporains blottis dans leurs vêtements polaires mesurent mal le prix du sang payé pour ces découvertes. Pour quelques traits sur la carte, combien de jours de faim, combien de mains et de pieds gelés, et de raisons en déroute ? Abandonnant ensuite le *Tegetthoff* à sa prison, l'équipage entreprend un voyage de retour tout aussi hallucinant vers la Nouvelle-Zemble à bord de deux baleinières tantôt tractées sur la banquise, tantôt à la voile dans les chenaux d'eaux libres.

Leur découverte suscite la curiosité des Anglais Leigh-Smith, puis Jackson entre 1880 et 1897, qui poursuivent l'œuvre cartographique et naturaliste. C'est là qu'eut lieu la version polaire de la rencontre entre Stanley et Livingstone : d'un côté Jackson, le teint frais et habillé d'un complet soigné, de l'autre deux individus en haillons, le visage parcheminé et brûlé de froid.

« How do you do ? » interroge sobrement l'un des rescapés.

C'est Fridtjof Nansen avec son compagnon Johansen ; il vient de marcher quinze mois sur la banquise pour tenter d'atteindre le pôle. Nul doute qu'une bonne tasse de thé leur fut offerte.

Jusque dans les années 1920, ces îles du bout du monde voient encore passer une poignée d'expéditions européennes. Tant il est vrai que les extrêmes attirent et que la science voisine avec l'espoir de découvertes plus lucratives pour les nations : poisson, fourrure, minerai… Toutes ces tentatives eurent leur lot d'héroïsmes et de drames. Certains explorateurs périrent, d'autres survécurent au terme d'odyssées miraculeuses, comme Albanov et son compagnon, seuls survivants, sur vingt-quatre hommes, du naufrage dans les glaces de leur *Santa Anna*.

Les descriptions de vie sauvage ne pouvaient laisser les phoquiers indifférents, surtout les Norvégiens. La faune de François-Joseph dut rendre son quota de peaux, de graisse et de défenses. Mais, au final, la solitude glacée fut peu troublée, jusqu'à ce que la révolution bolchévique ne s'impose aux ours comme aux hommes. Après quelques années passées à faire face aux désordres intérieurs, la jeune URSS s'intéressa, comme les tsars avant elle, aux limites de son immense territoire. En 1926, elle décréta, pour faire bonne mesure, sa souveraineté sur toutes les terres entre son littoral et le pôle Nord. Pendant un temps, les Norvégiens ignorèrent cet inconvenant message. Il fallut un Italien pour mettre les pieds dans le plat. Umberto Nobile, animé d'un patriotisme aussi ridicule qu'exacerbé, prit prétexte que l'Italie venait d'annexer Trieste, patrie du vénéré Payer, pour poser une réclamation territoriale sur les îles. Le destin se chargea en 1928 de trancher le litige puisque c'est le brise-glace russe *Krassine* qui porta secours à l'expédition du bel Italien en perdition sur la banquise. Les Soviétiques en profitèrent pour hisser le drapeau rouge sur cette terre blanc et noir. Le dernier épisode de ce roman national intervient en 1932. Les Norvégiens, loin des rodomontades italiennes, s'ingénient à conserver au moins l'île la plus à l'ouest comme base de chasse. Cette année-là, une course de vitesse s'engage entre Norvégiens et Russes pour la possession dudit caillou. Ce furent cette fois la météo et la technologie qui tranchèrent. La banquise était abondante et donna la victoire au brise-glace soviétique sur le voilier norvégien pour attribuer définitivement une nationalité à ces arpents de terre gelée.

Pendant la Seconde Guerre mondiale, il s'y joua plus un sketch qu'une tragédie. Deux bases cohabitent sans le savoir, l'une russe au centre de l'archipel, l'autre allemande dans l'ouest ; comme chacune ignore l'existence de l'autre, pas un coup de feu n'est tiré. Rétrospectivement, les uns et les autres durent bénir ces affectations qui leur évitèrent la boucherie de Stalingrad.

L'appellation de guerre froide ne pouvait que convenir à la terre François-Joseph. L'Arctique devint stratégique et ses îles des têtes de pont pour surveiller l'impérialiste américain tapi au-delà des glaces. Après les bruits de bottes des pionniers, des savants et des chasseurs, vint celui, plus envahissant encore, des chenillettes et des avions. Plusieurs centaines d'hommes, cinq bases militaires, deux pistes, dont une pour gros-porteurs, un centre météo s'installèrent. Les îles oubliées devinrent interdites. La faune aviaire, quelques ours et morses durent faire les frais du désœuvrement militaire, mais globalement la vie sauvage poursuivit son cours. Dans les années 1950, le déploiement des missiles intercontinentaux rendit caduques les installations de surveillance qui virent leurs effectifs drastiquement réduits. Mais c'est la chute du mur de Berlin qui changea la vie sur l'archipel. Les militaires d'une Russie exsangue et désargentée reprirent le chemin du continent, laissant derrière eux plus de 60 000 tonnes de déchets toxiques, fûts éventrés par champs entiers, piles de carcasses d'avions et de chenillettes, baraquements ouverts à tous les vents.

Les années 1990 virent la défense de l'environnement pointer son nez. La science est, faute de mieux, un bon argument pour légitimer la gouvernance. La terre François-Joseph, qui n'intéressait plus les militaires, reçut en 1994 le statut de réserve naturelle. Pendant quinze ans, ce fut un gage, à peu de frais, d'un intérêt arctique que l'on ne voulait pas avouer déclinant. Des chercheurs campèrent dans les ruines militaires sans que rien ne s'oppose au blizzard qui continuait à disperser les polluants.

Mais en 2010 survint Vladimir Vladimirovitch Poutine, toujours impatient de réaffirmer la férule de la Russie éternelle sur le moindre des territoires. Après avoir serré la patte d'un ours endormi pour les besoins de la photo, il décréta une subvention de 37 millions d'euros pour nettoyer les dégâts du siècle passé. À raison de 3 600 tonnes récupérées en 2012, les nettoyeurs, à qui l'on souhaite bien du courage, ont encore quelques dizaines d'années de travail devant eux. Pourtant, le temps presse car, ici comme ailleurs, la nouvelle bonne affaire s'appelle le tourisme. Enfin le moyen de tirer subsistance de ces îles perdues, car plus c'est perdu, plus c'est cher ! Pour quelques milliers ou dizaines de milliers d'euros, selon votre addiction au confort, vous serez au chaud derrière le vitrage d'un navire polaire, l'un des trois cents qui, sans effort, percent annuellement la brume pour voir évoluer ours, morses, baleines et oiseaux dont on dit, qu'enfin tranquilles, ils fréquentent de plus en plus assidûment les îles. Les privilégiés auront droit à la visite de la nouvelle base de Nagurskaya, invraisemblable oasis intérieure aménagée sur la Terre Alexandra. Rien n'y manque des jets d'eau, palmiers, baby-foot et jeux d'enfants, au point que l'on se demande si elle a réellement été construite pour l'agrément des gardiens du parc et de leurs familles (version officielle) ou pour les facétieuses envies de dépaysement de quelques apparatchiks.

La terre François-Joseph, – 25 °C l'hiver, 0 °C l'été, reste l'un des écosystèmes les plus boréals au monde. C'est un important point de passage des eaux de l'Arctique central qui se déversent en mer de Barents. La température de la mer n'y varie que de – 2 °C à 0 °C, alors qu'elle monte à + 4 °C au Spitzberg. Par voie de conséquence, la biodiversité y est pauvre (33 espèces de poissons et quand même 15 espèces de mammifères marins) mais très typée. Les morses y trouvent encore des plateformes de glace en été, ou l'hiver en bordure des polynies qu'ils affectionnent, pour la sieste entre deux plongeons. Épargnées depuis 1952, leurs populations s'y rétablissent lentement, et François-Joseph pourrait devenir leur dernier refuge en ces temps de réchauffement climatique. La baleine franche boréale, en danger critique d'extinction, peut, paraît-il, encore s'y croiser. On y voit la seule population de narvals de l'Arctique russe. Mais le seigneur reste l'ours, celui qui fait vendre les tickets des croisières en paquebot. L'archipel partage avec le Spitzberg une population de 3 300 ours, qui ne donne pas de signes de régression. Enfin ces îles, par leur position très septentrionale, bénéficient encore de vieilles glaces pluriannuelles dont les formes sculptées offrent une surface d'extension au phytoplancton, des refuges au zooplancton et des sujets aux photographes.

Dans le grand échiquier mondial, la terre François-Joseph est donc une excellente candidate au rôle de refuge de populations arctiques stressées par la montée des températures. Elle pourrait s'autosuffire grâce à un tourisme polaire qui financerait son entretien et sa surveillance. Ceci pour quelques années ou quelques décennies encore, jusqu'à ce que le réchauffement climatique ne vienne rebattre les cartes d'un jeu dont nous ne connaissons rien.

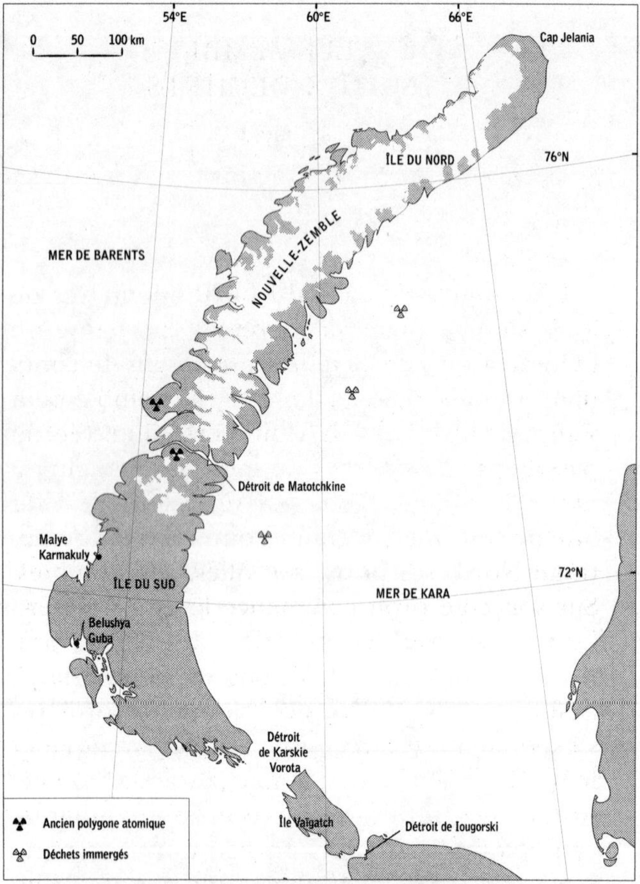

Pour situer la Nouvelle-Zemble sur la carte générale,
voir page 19.

III

NOUVELLE-ZEMBLE : L'ÎLE AUX DÉCHETS

74° N ; 56° E

Une virgule de près de 1 000 kilomètres de long s'est détachée à regret de la chaîne de l'Oural. Moins de 20 milles la séparent du continent. Depuis toujours, la Nouvelle-Zemble peut s'enorgueillir d'être la vraie porte d'entrée du passage du Nord-Est. Sur son flanc gauche la mer de Barents, tiédie par un relent de Gulf Stream, est encore grande ouverte sur l'Atlantique Nord, ses ports, ses villes, ses hommes. Sur son côté droit commence le grand désert, les milliers de kilomètres de côtes basses, brumeuses, insaisissables, le long de la Sibérie. À l'est de la Nouvelle-Zemble, les mers bordières s'expliquent en direct avec l'océan Arctique et le froid dicte sa loi une bonne partie de l'année. Aurait-elle été moins haute et moins longue, cette Nouvelle-Zemble, un continuum géographique et climatique moins rude aurait facilité la tâche des découvreurs, chasseurs, marchands, aménageurs, stratèges, en un mot des hommes. Mais ainsi est-elle. Ou plutôt sont-elles, puisqu'un détroit à peine visible sur les cartes (moins d'un mille) sépare l'île du Sud, plus basse, de celle du Nord, culminant à 1 000 mètres.

Jusqu'au milieu du XXe siècle, l'archipel a coulé des jours sans histoires. Aux hivers de solitude, de noir et de neige, succédaient des étés effrénés où faune et flore n'avaient que quelques pauvres semaines pour croître et se reproduire. La Nouvelle-Zemble a vu un jour passer les mammouths puis les rennes, les ours, les morses et ceux qui les chassent, les Nénètses et les Pomores. Elle n'a pas dû s'émouvoir des victoires ou des drames des Willoughby, Barents, Payer, Weyprecht, Nordenskjöld, et de la kyrielle d'aventuriers et de savants qu'ils ont traînés dans leur sillage. La France contribua même, modestement, en la personne du très oublié Charles Bénard qui, en 1906, organisa la première traversée de l'île du Nord. L'avènement de l'Union soviétique priva la Nouvelle-Zemble de ces visiteurs aux accents d'Europe de l'Ouest. Rien de bien grave.

Mais le 30 octobre 1961, sa vie changea.

Ce jour-là, une gigantesque déflagration secoua les paisibles montagnes. Un flash monstrueux put être observé à 1 000 kilomètres à la ronde et un panache de vapeur s'éleva à 84 kilomètres de haut, de cette sorte de panache en forme de champignon mortel dont seuls les hommes ont le secret. Les Soviétiques venaient de procéder au plus énorme essai nucléaire à ciel ouvert, bizarrement baptisé par la République socialiste « Tsar bomba », 3 125 fois la puissance de Hiroshima. Tout vitrifier à 25 kilomètres à la ronde et tout gravement brûler quatre fois plus loin était le prix à payer pour s'affirmer dans la course aux armements.

Tous les pays qui se sont livrés à ce genre d'exercice ont cherché des lieux déserts. L'archipel avait, pour son malheur, d'excellentes caractéristiques pour que l'on s'y adonne à des activités aussi dangereuses qu'inavouables. Il était proche de Mourmansk par une mer quasiment toujours praticable et Moscou n'était qu'à deux heures de vol. La température, pour être froide (– 15 °C l'hiver et + 8 °C l'été), reste vivable pour les hommes, et ses toundras bordières offrent un bon support aux implantations militaires et industrielles. En 1955, on envoya donc les Nénètses chasser ailleurs et les îles accueillirent une partie de la flotte du Nord soviétique. Sur la côte ouest émergèrent le « polygone » de tir et tout ce dont ce genre d'activités a besoin : casernes, aérodrome, mauvaises routes, barbelés, miradors, antennes, citernes, véhicules en tout genre, béton et ferraille, ferraille et béton. Deux cent vingt-quatre essais nucléaires y furent conduits, dont quatre-vingt-onze essais atmosphériques entre 1964 et 1990. Ces derniers ont représenté plus de la moitié de la puissance mondiale des essais atmosphériques.

Après 1990, on se fit plus discret, *glasnost* oblige, avec des explosions souterraines dont quelques-unes, ratées, empoisonnèrent les environs. Foutue pour foutue, la mer de Kara commença une carrière de décharge pour résidus nucléaires.

Le petit homme replet et sympathique qui nous avait fait visiter l'ancien brise-glace *Lénine* s'est réjoui de la parfaite manœuvre qui avait propulsé le vieux réacteur nucléaire dans les eaux côtières de l'île. Mais ce n'était qu'un exemple. Dix-sept mille conteneurs de déchets contaminés, enfouis, à ciel ouvert ou immergés, tapissent la côte est de Nouvelle-Zemble et la mer de Kara. On s'y débarrassa commodément du combustible d'une vingtaine de réacteurs des brise-glaces et sous-marins à propulsion nucléaire. Dans deux cas, les sous-marins ont été coulés volontairement ; un troisième l'a été « par inadvertance » en 2005. « Bien sûr, tout cela est surveillé », avait enchaîné notre interlocuteur du *Lénine* devant nos mines déconfites.

En 1995, l'AIEA (Agence internationale de l'énergie atomique), après enquête, concluait benoîtement que le niveau de contamination en mer de Kara n'avait rien d'alarmant, mais que bien sûr cette situation pouvait évoluer. La corrosion des contenants va faire son œuvre. Ce n'est pas une question de décennies, mais d'années.

« Ce qui se conçoit bien s'énonce clairement », professait Boileau. La Nouvelle-Zemble et ses apprentis sorciers ont donné à l'écrivain anglais William Boyd l'idée d'inventer un mot : « zemblanité », antonyme de la sérendipité, et qui pourrait s'énoncer comme « le don de faire à dessein des découvertes malheureuses ». Mais l'auteur ne précise pas jusqu'où il envisage l'étendue du malheur.

Malgré tout, on vit en Nouvelle-Zemble ; c'est même la seule île du Grand Nord russe effectivement habitée. Officiellement 2 700 habitants, dont 2 622 à Belushya Guba (la baie du bélouga), la « capitale administrative » sur l'île du Sud, et une centaine de Nénètses autorisés à chasser à nouveau le renne. Si on imagine une petite localité aux HLM pouilleuses, façon Little Mourmansk, on a tort. Le long de l'artère goudronnée, les immeubles ont récemment pris des teintes pastel, l'église orthodoxe semble flambant neuve, sans compter un hôpital de deux cents lits, des écoles pour cinq cents enfants, des boutiques, une piscine, un centre sportif… Quelle bonne fée s'est donc penchée sur la bourgade ?

Plusieurs sans doute. Nous connaissons déjà la première, qui se nomme tourisme. En 2009, la partie nord de la Nouvelle-Zemble a intégré le Parc arctique russe, et Belushya Guba pourrait devenir une des capitales de vente des ours en peluche.

La seconde fée a les mains plus poisseuses : elle s'appelle pétrole et gaz. La ville dispose d'une rade protégée sur la côte ouest, quasiment toujours accessible en hiver, d'un aéroport rénové, et pourrait jouer un rôle dans les transits, l'approvisionnement ou l'acheminement des travailleurs, que ce soit pour les exploitations en mer de Barents ou de Kara, ou les liaisons avec la péninsule de Iamal et l'Ienisseï. Elle ne devrait être que peu concernée par le passage du Nord-Est qui sera géré de Mourmansk — sauf déversement accidentel de quelques fluides mortels, bien entendu.

À côté des fées s'agitent aussi quelques gnomes qui n'ont pas encore été sollicités : cuivre, plomb, zinc dont le sous-sol de la Nouvelle-Zemble est riche. Mais attendons que les prix montent…

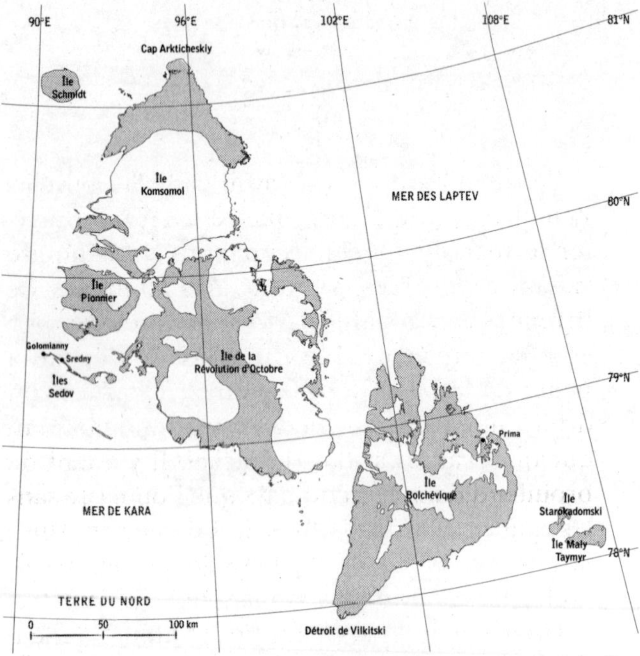

Pour situer la Terre du Nord sur la carte générale,
voir page 19.

IV

TERRE DU NORD, DERNIÈRE CONQUÊTE

79° 30' N ; 97° 30' E

Venant d'Europe, après avoir passé la Nouvelle-Zemble et ses hauteurs, que reste-t-il pour arrêter le regard ? Quelques rognons de banquise valsant au gré des courants, des lambeaux de brume s'accrochant parfois dès l'étrave. Le compte imperturbable du sondeur décolle à peine de la ligne des 50 mètres. Tapis à main droite, une côte basse et des estuaires où passent quelques cargos avides de nickel. Il y a tant de brouillard dans ce fichu pays que l'on passe sans les voir à côté d'îles hautes de 100 mètres. Ainsi, la Terre du Nord est, en 1913, le dernier grand archipel découvert sur la planète.

Disons à la décharge des cartographes inattentifs que très peu d'entre eux avaient réussi à se faufiler jusqu'à ce fond de la mer de Kara. Les Dolgans locaux ont peut-être aperçu quelque chose mais rien ne les intéressait que leurs rennes. Il a fallu les deux brise-glaces armés par le tsar pour que l'archipel figure enfin sur les cartes et soit nommé, comme il était de bon ton à l'époque, Terre Nicolas II. Le pouvoir soviétique, dans les années 1930, en fit une cartographie plus précise et se hâta de rayer ce nom honni au profit d'autres qui sonnaient plus agréablement aux oreilles du Petit Père des peuples : île Bolchévique, île de la Révolution d'Octobre, île Komsomol, et j'en passe. L'ensemble prit le nom consensuel de Terre du Nord. Mais il était dit que ces territoires perdus ne resteraient pas à l'écart des querelles idéologiques. Il y a peu, l'association Mémorial, créée par Sakharov, proposa le nom d'archipel des Victimes, chaque île déclinant l'un des sévices du stalinisme : île des Victimes des purges, du Goulag, de la Terreur ou des Internés psychiatriques. Proposition peu compatible avec la promotion touristique. De son côté, la très réactionnaire Assemblée de la région du Taïmyr donnait sa préférence aux appellations d'origine, Sainte-Marta, Sainte-Marie, Sainte-Olga ou Sainte-Anastasie. Poutine trancha en faveur du *statu quo*, conforme à sa manie de glorifier la grande Union soviétique défunte. Ainsi vont les aventures toponymiques au pays des glaces.

Quel que soit son nom, la Terre du Nord est surtout couverte de glaciers, les parties basses se libérant l'été pour laisser place à une morne toundra, des mousses et des lichens parfois égayés du rose d'une saxifrage. Nous sommes bien là au cœur du froid sibérien : – 30 °C l'hiver, à peine plus de 0 °C l'été. L'archipel est tourmenté par les dépressions en provenance de l'Atlantique Nord. Les blizzards, la neige, la brume y sont le quotidien, même en été. Pour les marins de la route du Nord, le détroit de Vilkitski, passage d'à peine 30 milles de large entre le cap Tchéliouskine (point le plus septentrional de l'Eurasie continentale) et l'île Bolchévique, est l'un des « crux » du voyage. C'est dans cette zone, qu'en septembre 2013, le tanker *Nordvik*, chargé de 1 800 tonnes de fuel, est resté bloqué par les glaces durant une semaine, la coque éventrée sur plus d'un mètre. Il fallut l'aide de deux brise-glaces pour qu'il regagne l'eau libre, sans, soi-disant, occasionner aucune pollution. L'archipel est sans ressources naturelles connues, et rien ne vient y troubler le vagabondage des ours, des renards polaires, des loups, des lemmings à collier, ni les colonies de guillemots, de mergules et de bécasseaux. Comme ses consœurs, la Terre du Nord a vu passer son lot de militaires durant la guerre froide. Sur la petite île de Sredny, dans l'ouest, on a construit une piste de 4 kilomètres de long et une station météo, tandis que l'est de l'île Bolchévique accueillait la base Prima. Aujourd'hui, au milieu des ruines et des déchets de la militarisation soviétique, la piste fait encore les délices des aventuriers de tout poil. C'est l'étape idéale pour rejoindre ensuite en hélicoptère le cap Arkticheskiy, le plus septentrional de l'archipel, porte d'entrée vers l'océan Arctique. Qu'elles aient choisi le ski, le traîneau ou le kayak, les expéditions transarctiques y passent presque toutes. Pour certains aventuriers, comme la Française Dominick Arduin, ce fut leur dernière vision de terre avant de disparaître. De Sredny, on atteint aussi en hélicoptère la base de Barnéo, à moins d'un degré du pôle Nord, le *must* du tourisme polaire pour qui veut embrasser la Terre sur 360 degrés.

La base de Prima, quant à elle, a rouvert pour accueillir en 2013 des scientifiques russes rescapés. Ils travaillaient sur une station polaire dérivante. Suite au réchauffement, ceux-ci durent déménager en catastrophe.

Le panorama de ces maigres activités ne serait pas complet sans un coup de chapeau aux deux couples d'Ukrainiens qui gèrent la station météorologique de Golomianny. Installés au milieu des années 1980, ils rêvaient d'y amasser un pécule suffisant pour couler ensuite des jours heureux au pays natal. La dévalorisation du rouble a fait fondre leurs économies et leurs espoirs. Aux dernières nouvelles, ils y sont toujours.

Cette Terre du Nord, solitaire et sauvage, va le rester encore longtemps. Elle est trop lointaine, trop difficile d'accès, et les espèces emblématiques n'y sont pas assez nombreuses pour qu'elles s'intègrent à un circuit touristique. La mise en service du passage du Nord-Est et le franchissement du détroit de Vilkitski n'y changeront pas grand-chose.

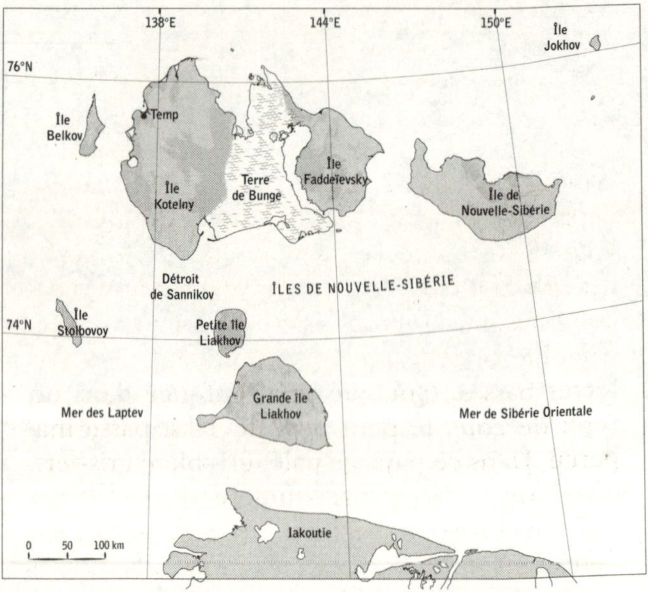

Pour situer les îles de Nouvelle-Sibérie sur la carte générale, voir page 19.

V

ÎLES DE NOUVELLE-SIBÉRIE

75° 16' N ; 145° 15' E

La Terre du Nord s'est dérobée dans le brouillard, seul le cap Tchéliouskine a daigné apparaître et puis… rien, comme d'habitude. La mer des Laptev, c'est 600 milles de solitude, des glaces plus denses, moins denses ou totalement absentes selon les saisons. À main droite, les mille bras de la Lena se perdent dans des terres basses. Quelque part, enfoncé dans un repli de côte, le petit port de Tiksi passe inaperçu. Dans ce paysage pâle, gris-bleu, gris-vert, gris-mauve, dans cette lumière filtrée, surgit une barre sombre : une île, des îles, un cap, un détroit ; une géographie rassurante reprend ses droits. L'archipel de Nouvelle-Sibérie ferme la mer des Laptev et ouvre celle de Sibérie Orientale. On pourrait ne rien dire de ces grèves grises, de ces falaises sombres casquées de neige. Petite et Grande Liakhov, Kotelny, Faddeïevsky couvrent déjà la superficie de six ou sept départements français, sans même compter les lointaines Jeannette, De Long, Jokhov et Henrietta dans le nord-est. Elles sont si loin, si froides, si pauvres en tout.

En Nouvelle-Sibérie, les quelques degrés perdus en latitude depuis la Terre du Nord n'ont pas de réelle incidence : on est toujours dans le Très Grand Froid avec des – 40 °C pendant la nuit polaire et quelques malheureux degrés pendant l'été. Au programme, champs de pierre et de terre, recouverts de neige neuf mois sur douze, mille lacs, des marécages, des étendues de mousses et de lichens d'où n'émergent que quelques herbacées. Avec un peu de chance, un saule nain caché au creux des rochers marquera une brève relâche de l'emprise du froid.

Les hommes ont fréquenté ces îles depuis des centaines, voire des milliers d'années. On a retrouvé sur Jokhov des ossements humains vieux de 8 000 ans. Ces précurseurs ont emprunté les ponts de glace hivernale à la poursuite du gibier ; ils y ont conduit leurs kochs bien avant les cartographes officiels du XVIIIe siècle. En témoigne le nom de Kotelny (« petite bouilloire »), donné par l'un de ces cartographes ayant vraisemblablement découvert une ancienne hutte d'estive. Les îles lointaines mettront plus d'un siècle à être lentement sorties de leur oubli par des chasseurs-marchands-aventuriers comme Liakhov, Sannikov ou Genenschtrom au XVIIIe siècle, qui se payeront en peaux d'ours blancs. C'est fortuitement que les hommes du navire *La Jeannette* nommèrent l'île éponyme après que leur navire a été broyé par les glaces en 1881. Ils y feront une halte avant de rejoindre le continent au prix de nombreux morts, dont le capitaine De Long qui laissa son patronyme à un groupe d'îlots au nord-est.

La situation géostratégique de l'archipel valut à quelques infortunés météorologues et militaires de s'y morfondre du temps de la guerre froide.

Aujourd'hui s'y croisent, pour des raisons bien différentes, des militaires, des savants et des mafieux. L'espoir du développement de la route du Nord amène la réhabilitation de la piste d'aviation de Temp, sur l'île de Kotelny. À mi-chemin du détroit de Béring et de la Nouvelle-Zemble, la Russie veut y affirmer son contrôle du passage et peut-être y établir un poste de secours. Même si l'on voit mal ces baies convenir pour une escale de pétrolier en déroute. Dans le vacarme des hélicoptères MI-8, on commence à y réinstaller météorologues, médecins et experts du génie. La Nouvelle-Sibérie deviendrait l'Ouessant du passage du Nord-Est.

Depuis la préhistoire, les choses ont peu changé : les hommes traquent le mammouth. Il y a quelques millions d'années, c'était pour sa viande ; aujourd'hui, c'est pour ses défenses et son ADN. En ce qui concerne ce dernier, une expédition scientifique vient de découvrir pour la première fois une femelle congelée en assez bon état. Déjà les tripatouilleurs de génomes se prennent à rêver de faire ressurgir l'espèce disparue en bricolant un œuf à implanter dans un utérus d'éléphante. *Jurassic Park* se serait seulement trompé d'espèce.

Les apprentis sorciers ne sont pas les seuls à s'intéresser aux bêtes antédiluviennes. Des braconniers anonymes, sous la férule de mafieux, pataugent aussi dans la boue estivale à la recherche de défenses de mammouths. Ce qu'on leur paye quelques euros sur place sera sculpté et revendu pour plusieurs milliers aux collectionneurs chinois. Des 80 tonnes d'ivoire extraites chaque année du pergélisol sibérien, plus de la moitié provient de la Grande Liakhov. Dix-huit heures par jour, de pauvres bougres affrontent les blizzards, souvent la faim au ventre, espérant que le sol dégelé sous l'effet du réchauffement leur révélera son précieux butin. Il faut alors creuser à mains nues, remorquer les défenses sur plusieurs centaines de mètres et encore remercier le Ciel de ne pas avoir passé l'été pour rien, ce qui peut aussi arriver. Au hasard de leurs vagabondages, nos chasseurs croisent des tombes anonymes. La Sibérie continentale se trouve juste en face, avec sa tristement célèbre rivière Kolyma, ses mines et ses goulags. Quels évadés ont ici trouvé la mort en cherchant la liberté ? Quel commandant de camp criminel a abandonné des commandos de prisonniers et pour quelle tâche inutile ou odieuse ? La sombre terre de Nouvelle-Sibérie garde son secret pour l'éternité.

VI

ÎLES FANTÔMES

Latitude et longitude encore inconnues…

Été 1809. Nous imaginons les deux hommes emmitouflés dans leurs peaux d'ours contemplant l'océan depuis le rivage de la Nouvelle-Sibérie. Le jeu d'éclairage de l'été arctique renvoie les lumières, les diffracte. Les nuages se fondent dans l'eau, l'eau dans la glace. Rien ne paraît sûr, ferme, réel. Yakov Sannikov et Matthias von Hedenström ne sont pas des rêveurs, surtout Sannikov. Le Grand Nord est son royaume depuis des années ; il en est à sa troisième expédition et, dans le même archipel, il a déjà découvert les îles Faddeïevsky et Stolbovoy. Il sait ce qu'il cherche : de nouvelles terres, de nouveaux territoires de chasse, de nouvelles richesses. Aux portes du monde connu, il a devant lui une éternelle promesse, après tant de déconvenues… Ce jour-là, les deux explorateurs sont sûrs, ce n'est pas le reflet d'un nuage mais bien quatre crêtes montagneuses qui se perdent en collines, bien loin, peut-être 150 kilomètres au nord de la Nouvelle-Sibérie. Alors ils partent, à pied sur la glace mouvante. Ils le clament : une grande terre est là, quelque part entre 78°/80° Nord et 140°/150° Est : la terre de Sannikov. L'eau libre aura raison de leurs espoirs.

À quoi bon ces nouveaux territoires, quelques arpents de neige en plus ou en moins ? Les hommes rêvent toujours de planter des drapeaux, de laisser un paragraphe dans un livre d'histoire ou un nom sur un rocher, même tout en haut des cartes, là où personne ne regarde.

Le géologue Édouard von Toll la voit, cette terre promise, de ses yeux, et l'amiral russe Anjou aussi. Le grand Nansen déduit sa présence du vol des oiseaux et de la migration des rennes. Mais nul ne l'atteint, elle semble se jouer de tous, changer de place, de forme, se perdre dans la brume. On convoque la science, on analyse les courants. Les peuples autochtones évoquent « la grande île peuplée de géants, de nains et de monstres ». Ce sont des fadaises, juge-t-on en haut lieu, mais il n'y a pas de fumée sans feu. Et si ce n'était pas un îlot, pas une île, mais une vraie terre, et pourquoi pas celle qui ouvrirait un passage vers le pôle ?

À l'aube du XXe siècle, Toll, l'Allemand, n'y tient plus et part avec trois compagnons. On ne les reverra pas.

Dans les années 1930, la glorieuse URSS, soucieuse de sa géographie, dépêchera avions et brise-glaces sans succès. La terre de Sannikov s'est-elle évanouie ? Quelque catastrophe tellurique l'a-t-elle dérobée à la vigilance stalinienne ?

Non, elle vit toujours dans ce que les hommes ont de plus puissant : leur imaginaire. La voilà qui devient l'Atlantide du Nord, le refuge de quelque Nemo polaire. Les scientifiques contemporains ont beau nous dire que certains îlots peuvent disparaître sous l'effet de l'érosion, il nous en faut plus pour faire notre deuil. A-t-on bien cherché ? Les brouillards, la nuit et les glaces ne peuvent-ils encore cacher ce vieux rêve de l'humanité, une terre vierge ?

On murmure que la tribu des Onkilons, poursuivie par les Tchouktches, a pris la mer avec toutes ses richesses et s'y est réfugiée. On dit que des espèces ancestrales y survivent. On prétend qu'un savant fou y érige une machine infernale. Jules Verne et Stanley Kubrick y puisent l'inspiration. Romans, films et jeux vidéo perpétuent le rêve. Le Grand Nord fascine pour ses mystères. Ces terres là-haut, tout au bord du monde, ces mers hostiles longtemps terrifiantes où rien ne se passe comme ailleurs ne pourraient-elles encore nous surprendre ? Quel voyageur polaire n'a pas douté devant le reflet persistant d'un nuage ?

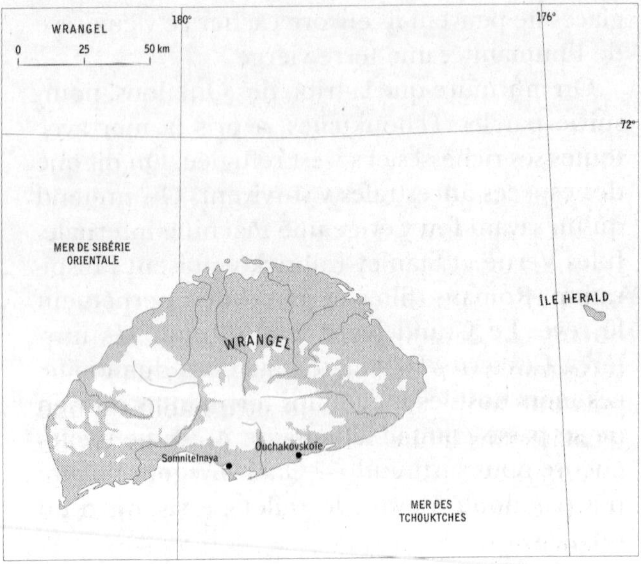

Pour situer Wrangel sur la carte générale, voir page 19.

VII

WRANGEL, LE JOYAU DU FROID

71° 14' N ; 179° 25' O

Cela n'en finit pas ! Mer de Barents, de Kara, des Laptev, de Sibérie Orientale… Et toujours le même univers noir et blanc, la lumière indécise, les mêmes embouchures, les îles noyées de brume. À ce stade, les découvreurs étaient-ils saisis du vertige de la monotonie, d'une nausée devant cet immense vide ? Pour avoir réussi à cartographier un cap, puis un autre, une baie, puis une autre, ils devaient être habités d'une ténacité sans limites, d'un rêve de gloire ou de fortune sans cesse repoussé et sans cesse réinventé. Il ne fallait penser qu'à franchir un mille et encore un autre, contourner le énième iceberg, toujours et encore vers l'est. Chaque printemps ranimait l'espoir ; on regréait les navires, on ressortait les cartes pour tenter d'en combler les blancs. Chaque automne voyait la retraite dans un recoin du rivage, quelques traits de côte et quelques noms de plus à son actif.

Pierre le Grand n'avait pas seulement lancé Béring à l'assaut de la cartographie. Pendant dix ans, des vagues d'expédition furent envoyées méthodiquement sur les rivages sibériens. Course à la géographie, affirmation du pouvoir central sur des régions ultrapériphériques dont on devinait les enjeux, le tracé de la côte se précisa bon an mal an. Qu'importent la faim, le froid, les morts par scorbut ou par les lances des Tchouktches. Si la tombe de Béring a pu être localisée sur les îles du Commandeur, ou celle du Russe Prontitchev et de sa femme, la première aventurière du Grand Nord, la mer et la terre gelées gardent partout ailleurs le secret sur celles de l'Allemand Steller, de l'Anglais Walton, du Français Delisle de La Croyère.

Après Pierre, la Grande Catherine opta pour une stratégie plus économe des deniers de l'État. Elle garantissait aux marchands le droit exclusif de commercialiser les animaux et l'ivoire de mammouth sur les îles qu'ils découvraient. L'avidité des Chalaurov, Liakhov ou Sannikov fit reculer l'Inconnu en mer des Tchouktches et en mer de Sibérie Orientale. Mais plus on avançait, plus l'horizon semblait reculer. Des oiseaux toujours plus nombreux s'évanouissaient au nord. Au début du XIXe siècle, Catherine se résolut à puiser dans le trésor royal pour envoyer le baron Ferdinand von Wrangel éclaircir définitivement le mystère de ce recoin de son royaume. De 1821 à 1824, le hardi baron s'obstina comme ses prédécesseurs, s'aventurant avec pas moins de 50 traîneaux et 600 chiens, toujours plus loin sur une banquise que l'été rendait instable. Mais rien, la brume ne lâcha rien ! La grande île qui sépare la mer de Sibérie Orientale de celle des Tchouktches, objet de tous ses rêves et de tous ses efforts, attendait encore pour sortir des imaginaires.

En 1847, le Britannique Henry Kellett, officier de la Royal Navy, débarque sur l'île Herald et pense apercevoir une autre île dans son ouest. En 1866, le marchand allemand Eduard Dallman y aurait pris pied mais n'en dira rien. Ce n'est qu'en 1867 que le capitaine baleinier Thomas Long découvre officiellement la grande île et la nomme Wrangel, en hommage à l'obstination infructueuse du baron. À sa suite s'engouffrèrent les chasseurs de morses, d'ours et de baleines, qui rendirent vite les lieux familiers.

Dans la longue litanie des îles arctiques, la terre de Wrangel est la dernière. Persévérez vers l'est et l'Amérique est à vous, plongez au sud et le cap Dejnev signe la fin tant recherchée de l'océan Glacial Arctique. Son statut de sentinelle lui vaudra quelques inévitables querelles de souveraineté. Louchant sur les opportunités baleinières, les États-Unis arguent que, découverte par un Américain, elle leur revient. Le tsar envoie un contingent y planter un drapeau en 1911. Les années 1920 verront la dispute s'intensifier. En 1923, les Américains y installent une colonie d'Inuit que les Russes renvoient en 1924 dans leurs foyers, pour ériger à leur tour le village d'Ouchakovskoïe. Celui-ci verra passer, tout au long du XXe siècle, les incontournables militaires, une poignée de météorologues et de savants, puis des éleveurs de rennes.

Ce n'est qu'en 1990 qu'un traité signé entre l'URSS et les États-Unis mettra fin à la querelle : Wrangel est russe, qu'on se le dise ! Toutes ces batailles, pourquoi ? Un massif montagneux de la taille d'un département français à peu près aussi inhabitable que ses collègues du Grand Nord ?

Ce sont les scientifiques qui redonneront à Wrangel ses lettres de noblesse en s'apercevant qu'elle rassemble nombre de biotopes différents et donc une richesse en biodiversité inédite dans l'Arctique. 1 400 rivières, 900 lacs, des collines, des plaines alluviales, de hauts plateaux, quelques pics déchiquetés, Wrangel est infiniment plus diverse que ses consœurs. Vraisemblablement épargnée par la glaciation du quaternaire, elle rassemble sur un petit espace des formations géologiques, des types de sols, un étagement végétal permettant une prolifération d'espèces abritées des influences continentales par 140 kilomètres d'océan. Les derniers mammouths s'y sont réfugiés, donnant naissance à une race « naine » qui a perduré jusqu'en 2000 avant Jésus-Christ. De nos jours, elle abrite la plus grosse population de morses (environ 100 000), le plus grand nombre de tanières d'ours, pour lesquels elle constitue un lieu de reproduction de choix. C'est également la zone privilégiée de nourrissage des baleines grises arrivant, en été, de leur villégiature du Mexique. Un savant équilibre de population permet aux deux espèces de lemmings de cohabiter comme nulle part ailleurs, mais aussi à des oiseaux devenus rares, comme le harfang des neiges, l'oie des neiges ou le faucon pèlerin, de nidifier en paix. Ce paradis boréal a donc valu à Wrangel d'être instituée réserve intégrale en 1976, puis d'accéder en 2004 à l'enviable statut de patrimoine mondial de l'humanité, reconnu par l'Unesco. Les Russes y voient évidemment l'opportunité de faire accéder à un tourisme nature une poignée de *happy few*, et quatre premières cabanes ont été adjointes à l'ancien village.

Malgré son statut, Wrangel n'est pas sauvée. Le fonctionnement de la réserve est confié à la République autonome des Tchouktches, qui manque cruellement de moyens pour en assurer la surveillance ou pour évacuer les tonnes de déchets qui, comme sur les autres îles russes, jonchent et polluent le littoral. Des autorisations de forage pétrolier et gazier à proximité ont été temporairement annulées, mais les zones figurent toujours sur les cartes, et les tentations restent grandes. Plus que tout, c'est le réchauffement climatique qui menace cette biodiversité exceptionnelle. C'est de ce point de vue qu'aujourd'hui Wrangel joue le rôle de sentinelle. Il y pleut de plus en plus fréquemment l'été, le nombre des épisodes climatiques exceptionnels augmente, la glace de mer se forme plus tard à l'automne et fond plus tôt au printemps. La politique de « réserve » touche là ses limites.

VIII

ADA BLACKJACK

Nome, Alaska

64° 30' N ; 165° 23' O

De Nome, on peut tout attendre. Quand on a été créé en un an par une horde de chercheurs d'or sans la moindre foi ni la moindre loi, quand on fait face à l'ogre russe au bord d'une mer de Béring charriant les glaces l'hiver et les déferlantes l'été, on accueille probablement un pourcentage supérieur à la moyenne d'aventuriers au destin aussi incertain qu'épique. S'il n'en fallait célébrer qu'un, permettez que ce soit une, car les femmes n'ont pas toutes été ici des épouses étriquées de pasteurs ou des tenancières froufroutantes de bordels. J'en veux un peu à Nome d'avoir visiblement oublié l'une de ses plus éminentes aventurières.

J'ai devant les yeux deux portraits : l'une est une jeune fille au type iñupiat, les joues encore lisses et potelées, deux grands yeux noirs en amande, les sourcils coquettement épilés, la bouche large mais fine dont les commissures descendant légèrement lui donnent un air un peu triste. Ses cheveux noirs et lisses sont sagement tirés sous un bonnet de laine. Une vareuse boutonnée jusqu'en haut se termine par un col de fourrure où sa tête paraît comme une offrande sur un plateau. Elle ne regarde pas l'objectif, par pudeur ou parce qu'elle est perdue dans un songe. La seconde est une femme entre deux âges, toujours iñupiat. Cette fois-ci, les yeux fixent ardemment devant eux, les orbites sont plus enfoncées, les sourcils broussaillcux, les mêmes cheveux noirs sont peignés à la diable. Les pommettes sont marquées et le bas du visage allongé fait ressortir un menton volontaire ; la peau est tannée comme celle d'un marin. Elle est vêtue d'un tricot et d'une veste visiblement trop grande pour elle.

1931, 1933. Deux ans et une hallucinante aventure séparent ces deux photos d'Ada Blackjack. Née au moment où Nome se créait dans l'effervescence, elle y subsiste de travaux de couture, avec Bennett, le fils tuberculeux que lui a laissé un mari qui la battait. Elle ne se doute pas qu'à des milliers de kilomètres, aux États-Unis, un homme va bouleverser sa vie. Stefansson, aventurier et ethnologue, un dur du Grand Nord, professe à longueur de conférences l'idée du « *friendly Arctic* ». Eh, quoi ! Ce pays n'est pas si rude qu'on le dit : il regorge d'animaux, les Inuit y sont heureux, bien à l'abri du froid dans de chaudes fourrures. Il n'est pas plus dangereux d'y vivre que dans une ville américaine remplie de malfrats. Pour preuve, il a l'intention d'aller prendre possession de l'île de Wrangel, de l'autre côté de la mer de Béring. Cette île au nord-est de la toute jeune URSS est abandonnée. Elle sera un eldorado de chasse, une base météo fort appropriée et, un jour, un aéroport relais pour des courriers transpacifiques. Il a convaincu quatre jeunes gens, Fred Maurer, Errol Knight, Milton Galle et Allan Crawford, de constituer l'avant-garde de ces glorieux projets. Lui-même reste prudemment à terre pour faire valoir ses revendications territoriales auprès de la Couronne britannique qui… n'a nullement cure de cette terre perdue. À bout de ressources, Ada est recrutée par petite annonce.

« Ne vous chargez pas de plus de six mois de vivres, les Esquimaux chasseront pour vous ours, morses, phoques et caribous. »

Mais lesdits Esquimaux refuseront d'embarquer et quand, le 9 septembre 1921, le *Silver Wave* appareille de Nome, Ada est seule avec les quatre garçons pour servir de cuisinière et de couturière.

130 kilomètres de long, 50 de large, bordée de falaises et de plages d'un côté, de marécages de l'autre, battue par les vents, l'île de Wrangel n'est pas précisément un paradis, et les cinq jeunes gens sont bien inexpérimentés. Quand le premier hiver arrive avec ses vents de furie et ses tombereaux de neige, quand la température descend du côté de – 30 °C ou pire, quand les rares animaux qu'ils ont réussi à chasser ne fournissent que des repas monotones, tous doivent faire contre mauvaise fortune bon cœur.

De cœur, justement, Ada n'en manque pas qui tombe amoureuse du bel Allan sans être payée de retour. Et la voilà aussi saisie de l'hystérie arctique, consécutive à la nuit polaire. Prostrée, elle se lamente sur le sort de son enfant laissé à l'orphelinat de Nome, tout en roulant des yeux à l'adresse de son bien-aimé. C'est une fille des villes, élevée par les Blancs ; elle ne sait rien de la chasse, de la pêche et de la survie dans ce milieu hostile. Elle a peur des armes, des ours et surtout de Maurer, le costaud de la bande. On a beau la punir, la priver de manger, la laisser dehors, parfois attachée, elle ne veut plus travailler. Mais un peu avant Noël, la perspective d'être isolée dans un igloo non chauffé a finalement raison de son mal et de son amour déçu.

Le printemps n'arrive pas avant juin, mais dès que l'île est libérée de sa gangue de glace, tous se mettent à espérer la venue du bateau de ravitaillement, bien décidés à mettre fin à l'expérience. Las, la mer de Béring cette année-là dégèle à grand-peine. Le navire d'avitaillement, après plusieurs tentatives, rentre à Nome, l'hélice tordue. En septembre, les cinq de Wrangel comprennent qu'ils devront faire face à un autre hiver. La situation est critique. Sans qu'ils sachent pourquoi, l'été leur a offert moins de phoques et d'ours que l'année précédente. Knight ressent les premières atteintes du scorbut, les autres sont amaigris et inquiets. Dans la cambuse ne restent que quelques tranches de bacon rance, une poignée de sucre, des biscuits, du thé, du café, neuf renards, deux phoques et un ours. Ada travaille, confectionne des moufles, des parkas et des chaussons car il est maintenant question qu'une partie d'entre eux profite de la glace de mer pour atteindre la Sibérie et conduise depuis Nome une expédition de secours. En aucun cas la nourriture de ce début d'hiver ne leur permettra de survivre ensemble. L'Arctique n'est pas si *friendly*, surtout pas pour une poignée de blancs-becs et une jeune femme élevée entre la religion et le point de croix. Le 29 janvier 1933, Crawford, Maurer et Galle se mettent en route avec des chiens faméliques et un traîneau surchargé. On ne les reverra jamais.

Ada reste avec Knight, le malade, qui ne peut rapidement plus se lever. À elle la corvée de bois flotté par – 20 °C, à elle la tournée des pièges à renard le plus souvent vides, à elle de réparer la cabane malmenée par le blizzard, à elle de cuisiner des bouillons de peau de phoque que Knight peut à peine avaler. Elle le lave, le dorlote comme son fils, supportant sans broncher les récriminations et les insultes que la dépression, consécutive au scorbut, lui fait proférer. Elle veut vivre et revoir Bennett. Au printemps, elle se décide à renouer avec la tradition de son peuple. Elle progresse dans la dissimulation des pièges à renard, surmonte sa peur des armes pour s'entraîner au tir, se confectionne un oumiak, une barque en peau, pour traquer les phoques et les morses. Mais ses premiers succès de chasseuse viennent trop tard pour Errol

Knight, qui décède le 23 juin. La voilà seule sur ce caillou oublié ; elle chasse en prévision de l'hiver suivant, prie et commence un journal comme elle l'avait vu faire à ses compagnons. Le 20 juin, un bruit étrange l'alerte : courant à la plage, dans la déchirure du brouillard, elle aperçoit deux mâts. L'expédition de secours arrive enfin, trop tard pour les quatre jeunes et insouciants aventuriers.

Sauvée, elle apprendra que le monde des hommes est au moins aussi cruel que celui du Grand Nord. Harold Noice, journaliste dépêché par Stefansson, voit tout le parti qu'il pourrait tirer à donner une version aussi fallacieuse que croustillante du drame. Ayant confisqué les journaux des explorateurs, y compris celui d'Ada, il présente la jeune femme comme une ancienne prostituée qui, n'ayant pas réussi à se faire épouser, aurait refusé de travailler. Puis elle aurait affamé Knight, se gardant les bons morceaux, ce qui lui aurait permis d'être la seule survivante, grasse et en bonne santé.

Il faudra des années et une polémique par presse interposée pour que la vérité soit rétablie, l'honneur d'Ada avec.

En 1935, un écrivain américain croise une silhouette menue et fatiguée glanant du bois sur une plage des Aléoutiennes. C'est Ada, qui n'a jamais touché la totalité de l'argent qu'on lui avait promis pour sa terrible aventure. Elle survit petitement, toujours hantée, dira-t-elle, par ces mois sur Wrangel. Une médaille posthume récompensera son héroïsme presque soixante ans, jour pour jour, après le départ de la petite couturière sur les flots gris de la mer de Béring.

Post-scriptum à l'adresse de la très affable conservatrice du musée de Nome et de la municipalité de cette riante bourgade : à côté des chercheurs d'or, des conducteurs de traîneaux, éleveurs de chiens, chasseurs de rennes et autres héros de la guerre froide, un petit hommage à cette concitoyenne hors normes serait bienvenu.

Il me revient à l'esprit que mon bateau s'appelle, par un étrange hasard, *Ada*, et j'en suis soudainement très fière.

IX

DIOMÈDE ET DIOMÈDE

65° 47' N ; 169° 01' O

C'était un rêve et nous avions tout prévu : le voyage vers Nome, le petit coucou pour nous déposer au cap Wales et le bateau iñupiat qui nous y attendait, cap sur la Petite Diomède. Mais les jours ont passé à Nome sous une pluie battante et ininterrompue, entre la plage où les enfants continuaient à se baigner, la pizzeria la plus glauque de l'Ouest américain et l'aéroport qui distillait ses mauvaises nouvelles : impossible de voler. Le vent se fichait pas mal de nos rêves : nous n'irions pas à la Petite Diomède.

Regardez le détroit de Béring. Deux petits pavés, distants de 3 kilomètres, résument une des formes élaborées de l'absurdité géopolitique : la Grande Diomède, à l'ouest, est russe, la Petite Diomède, à l'est, est américaine. Lorsque le tsar en mal d'argent frais vendit l'Alaska aux Américains, il fut décidé que « la frontière passerait à équidistance des deux îles et se prolongerait vers le nord à l'infini jusqu'à ce qu'elle disparaisse complètement dans l'océan Arctique ». Une définition prouvant que l'on peut être diplomate et poète tout à la fois.

L'histoire des hommes et des Diomède remonte à la Béringie, il y a près de 15 000 ans. Quand la vaste plaine reliait les deux continents, ces deux « tuyas », résidus abrupts de volcans, ont forcément servi de repères aux migrants. Sans doute ont-ils monté leurs tentes de peaux à l'abri des hautes falaises qui constituaient une halte commode, une sorte de rendez-vous de chasse paléolithique. Les premières traces attestées de campement estival datent de 3 000 ans ; les Diomède étaient entre-temps devenues des îles à portée d'un honnête kayakiste.

Ces occupants y vécurent heureux, du moins on le suppose, chassant le phoque et la baleine. On ne sait trop quand certains décidèrent d'y installer définitivement leurs pénates. La géographie laisse penser que des commerçants d'avant notre ère avaient tout intérêt à investir ces îles, pivots d'échanges entre ces deux parties du monde qu'on n'appelait pas encore est et ouest. Et la vie continua sur la Grande comme sur la Petite Diomède, que rien ne séparait qu'un ridicule bras de mer. Huit mois durant, la banquise permettait de sympathiques visites entre cousins ; l'été, c'était l'affaire d'un coup de pagaie, à condition d'éviter les tempêtes. Pas un habitant ne s'avisa que Simon Dejnev les fit entrer dans la cartographie en 1648, pas plus que Béring ne le confirma officiellement en 1728. Par un manque notable d'imagination ou un sentiment religieux avéré, il les nomma Diomède. Ce qui permet de situer précisément cette découverte au 16 août, jour où l'on fête ce brave médecin décapité pour son trop fervent prosélytisme. Pour les Iñupiat, c'étaient de toute éternité Imaliq et Inaqliq, des sœurs jumelles. La séparation entre îles russe et américaine ne leur fit aucun effet, pas plus que l'arrivée d'un communisme dont ils devaient pratiquer depuis des lustres les vertus, à leur façon primitive. Mais tout a une fin, et leur singularité géographique jusque-là heureuse tourna au drame à partir des années 1940. Le rideau de fer y prit l'allure d'un rideau de glace. La Grande Diomède fut expertement, au sens soviétique et quelque peu rugueux du terme, vidée de ses habitants, priés d'aller trouver en Tchoukotka un refuge. Trois cents troufions y débarquèrent avec l'inestimable tâche de surveiller l'ennemi, les rares jours sans brouillard. On murmure que la bosse du commerce se perpétua en quelques secrets échanges vodka contre Coca, mais ces trafics interdits se perdent dans la nuit polaire. Officiellement, les habitants de l'île américaine furent prévenus qu'aucune intervention ne serait tentée pour les étourdis, ignorant la géopolitique, qui pourraient se retrouver à croupir dans quelque geôle. Sur la Petite Diomède, l'*american way of life* prit pied subrepticement sous forme d'une école, d'un dispensaire, plus tard d'une zone d'atterrissage pour hélicoptères qu'on eut quelque mal à caser sur les pentes raides du vieux volcan. Inutile de préciser qu'aujourd'hui on y consomme plus de hamburgers que de phoques.

En 1987, Lynne Cox rompit, quasiment au sens propre, la glace en reliant à la nage les deux îles en 2 heures et 16 minutes. Si l'eau ne dépassait pas 4 °C, les relations diplomatiques s'étaient considérablement réchauffées et la sportive fut félicitée tant par Ronald Reagan que par Mikhaïl Gorbatchev. Comme dans tout le Grand Nord, la Russie jugea qu'elle avait mieux à investir ailleurs et la garnison de la Grande Diomède s'étiola jusqu'à ne plus compter qu'une trentaine d'âmes militaires, quand sa petite sœur en comptait une centaine de civiles.

Et comme partout débarquèrent des touristes en mal d'exotisme froid. Quoi de plus classe que de décrire dans son blog les pirouettes des baleines, les hautes falaises sombres et l'affreux petit village sur pilotis, aux allures de préfabriqués, tassé à flanc de montagne ? Quoi de plus excitant que de rappeler à la Terre entière que de là on voit demain, puisque la ligne de changement de date passe entre les deux îles ? Quoi de plus charmant que ces enfants barbouillés et piaillant, que ces braves Iñupiat dansant pour l'occasion ? Lesquels Iñupiat, intelligemment opportunistes, ont vite compris qu'il valait mieux se remettre à sculpter l'ivoire, beaucoup plus recherché par l'*homo touristicus* que le steak de baleine.

Aux dernières nouvelles, les Russes se sont avisés qu'il serait dommage que la manne touristique leur échappât et des tour-opérateurs mettent maintenant la Grande Diomède au catalogue. Nul ne sait si les troufions russes vont se mettre à la sculpture ou tenter de promouvoir l'alcool que n'importe quel Slave est capable de fabriquer avec n'importe quoi.

QUATRIÈME PARTIE

Nouvelle route, nouvelles richesses

Kolyma
Océan
Arctique
Îles de
Nouvelle-Sibérie
Mer
des Laptev
Lena
PÔLE
NORD
GROENLAND
(DANEMARK)
Terre
du Nord
Terre
François-Joseph
SVALBARD
Spitzberg
Mer
de Kara
Dickson
Norilsk
Doudinka
Péninsule
de Iamal
Sabetta
Mer
de Barents
NOUVELLE-
ZEMBLE
Ienisseï
Mer
de Norvège
Chtokman
Cap Nord
Tromsø
Mer
de Péchora
Kirkenes
Mourmansk
NORVÈGE
Ob
Mer
Blanche
Arkhangelsk
SUÈDE
FINLANDE
Oslo
RUSSIE
Stockholm
Helsinki
Saint-Pétersbourg
Mer
Baltique
0 200 400 600 800 1000 km

I

OSLO

59° 54' N ; 10° 45' E

Quelque part, au milieu d'un grand parc, un petit immeuble de verre. Dans le hall, pour que nul ne l'ignore, une maquette géante du *Fram*, le navire légendaire de Fridtjof Nansen.

Voici le siège du groupe Tschudi.

Jon-Edvard Sundnes, son directeur, nous raconte.

Il était une fois, en 1883, un capitaine qui racheta son bateau. Aujourd'hui, la société, toujours propriété de la même famille, emploie 400 personnes, possède une dizaine de navires et offre toute la gamme des solutions possibles à tous ceux qui, principalement par voie de mer, ont pour métier de transporter. En d'autres termes, la société Tschudi traite de logistique, c'est-à-dire qu'elle combine les moyens pour parvenir au but souhaité, avec obligation de résultat.

C'est ainsi que, dès le début des années 1990, Tschudi investit dans la nouvelle route.

« Notre premier travail, dit M. Sundnes, c'est de concevoir puis d'armer des bateaux adaptés à des mers qui, même libres, charrient de nombreux glaçons de toutes tailles. Nous savons y faire ! En d'autres temps, Tschudi a créé le premier tanker. Durant l'été 1990, le *Nordic Barents*, un navire affrété et préparé par la compagnie, va transporter de Norvège à la Chine, sans s'arrêter, un chargement de fer ! »

Sur son ordinateur, il nous montre la carte du monde et dresse la liste des avantages du passage par le Grand Nord :

— entre l'Europe et la Chine, la distance est réduite de 40 % si l'on passe par le canal de Suez et de 60 % si l'on choisit le cap de Bonne-Espérance ;

— gain de douze à vingt jours ;

— diminution corrélative de la consommation de fuel et de l'émission de gaz à effet de serre ;

— durée d'ouverture de la route de plus en plus longue puisque, depuis trente ans, la quantité de glace s'est réduite de 40 % en moyenne.

Cette route n'est plus une perspective lointaine. Voyez les chiffres, 34 bateaux en 2011, 46 en 2012. Et 71 en 2013. Une majorité de Russes mais aussi un bon échantillon de la flotte mondiale. Panamá, Liberia, Grèce, Chypre, Finlande, Norvège… Et toutes sortes de cargaisons : du gaz, du pétrole, mais aussi du minerai de fer, du naphta et les marchandises les plus diverses.

Quant aux sens du trafic, ils sont presque équilibrés. 30 bateaux allaient d'est en ouest, c'est-à-dire vers l'Atlantique, 41 bateaux gagnaient l'est, le Pacifique et les ports de l'Asie.

Conclusion : la route maritime du Nord est sortie des rêves. Elle existe bel et bien. L'enthousiasme de M. Sundnes fait plaisir à voir, il n'est même pas tempéré par notre question sur les quelques petits défauts du voisin russe, le partenaire obligé. La société Tschudi ne craint pas la bureaucratie ? Ni la corruption, qui pourrait, n'est-ce pas, s'apparenter à de la piraterie ? Il sourit.

« Nous, Norvégiens, savons travailler avec les Russes. La bureaucratie est un univers souvent hostile. Sans forfanterie, je crois que nous savons y naviguer. Peu de pays peuvent en dire autant. Nous avons un autre avantage : le bon sens. Pourquoi obliger les bateaux faits pour la glace, donc plus rares, donc plus chers, à continuer leur route quand la mer devient libre ? »

Nous hochons la tête. En effet, c'est du gaspillage.

Satisfait, il enchaîne : « Voilà pourquoi Tschudi s'est spécialisée dans le transbordement des cargaisons. Des bateaux "normaux" attendent les bateaux "glaciaires" au bon endroit. Un petit tour de passe-passe et chaque bateau repart continuer le travail pour lequel il a été conçu. »

M. Sundnes n'en a pas fini avec les perspectives qu'ouvre la nouvelle route. Mais la secrétaire vient le prévenir qu'un autre rendez-vous l'attendait depuis déjà longtemps. Il sourit.

« Vous voyez, quand l'Arctique vous tient… J'avais encore à vous raconter bien des histoires, notamment celle de notre mine de fer à Kirkenes. Mais comme vous montez là-haut, demandez, elle vaut la peine. »

Il montre la pelouse qui descend en pente douce jusqu'au golfe.

« Vous savez, la force de Tschudi, c'est d'avoir une famille pour propriétaire. Nous pouvons développer notre action sur le long terme, guidés par une vision. Nous ne sommes pas tributaires des agitations de la Bourse. La nouvelle route est un bouleversement qui prendra du temps. Nous l'accompagnerons. »

II

TROMSØ

69° 39' N ; 18° 58' E

Juste au-dessus du cercle polaire, la ville de Tromsø, 70 000 habitants, est la capitale de l'Arctique norvégien. Dans le petit musée de bois, hommage est rendu aux deux légendes nationales. Plus qu'un musée, on dirait une maison de famille. Et ils forment bien une famille, tous ceux qui sont hantés par la passion des pôles, Nord et Sud mêlés. Famille rassemblée par le démon de la curiosité et par l'appel de la découverte, mais aussi par le besoin de l'extrême, une vraie culture scientifique, la volonté, la méticulosité dans la préparation, l'obstination et le courage pour la réalisation, une invraisemblable résistance mentale et physique, sans oublier un sens féroce de la compétition et, moteur non négligeable, la recherche de la gloire.

La première légende, c'est Fridtjof Nansen (1861-1930). De toute l'histoire des hommes, c'est l'une des existences les plus complètes. D'abord scientifique (zoologie, neurologie, océanographie), Nansen se voue à l'exploration du Grand Nord. Durant l'été 1888, accompagné d'une équipe légère, il traverse le Groenland.

Le 20 juillet 1893, il quitte de nouveau la Norvège sur un solide bateau, le *Fram*. Son idée est de se faire prendre par les glaces et de dériver ainsi jusqu'au pôle Nord. Le 22 mars 1894, il n'atteint que la latitude 80°. Désespérant d'aller plus haut de cette manière, il quitte le *Fram* et, le 14 mars 1895, avec un compagnon (Hjalmar Johansen) et des chiens, il part à pied, droit vers le nord.

Il n'atteindra que 86° 14' N.

Impossible de continuer, le chemin est bouché par un chaos de glace. Les deux hommes rebroussent chemin vers l'archipel François-Joseph où ils vont de nouveau hiverner. L'été revenu, ils prennent la mer en kayak et, en juin 1896, sont récupérés par Frederik Jackson, un explorateur anglais. En août, ils retrouvent à Tromsø le *Fram*, libéré des glaces presque en même temps qu'eux.

Commence alors l'action politique et diplomatique de Nansen. Après avoir œuvré pour l'indépendance de la Norvège (jusqu'alors unie à la Suède), il se dédie à la Société des Nations, née des horreurs de 14-18.

C'est à la demande de cette dernière qu'il viendra au secours du demi-million de prisonniers en attente d'échange et de tous les réfugiés (dont 2 millions de Russes). Il crée le passeport Nansen, qui donne une identité aux apatrides. Qui, plus que lui, mérite le prix Nobel de la paix ? Il le reçoit en 1922.

L'autre gloire à laquelle rend hommage ce charmant musée est Roald Amundsen. À suivre, photo après photo, les épisodes de sa formidable existence, on se croit plus que jamais invité dans une maison de famille. C'est Nansen, une sorte de grand frère, qui soutient son projet de s'en aller vers le Groenland et de tenter le passage du Nord-Ouest, celui qui relie l'Atlantique au Pacifique par les dédales du Grand Nord. Expédition réussie entre 1903 et 1906. Pour faire connaître la nouvelle au monde, Amundsen se précipite en traîneau jusqu'au télégraphe le plus proche : 800 kilomètres. C'est encore Nansen qui lui prête son vieux *Fram* quand il décide de se lancer vers le pôle Nord.

Alors qu'il prend la mer, Peary et Cook annoncent leur victoire. Amundsen change de projet. Il n'en informe son équipage qu'à Madère : nouvel objectif, le pôle Sud.

Le musée raconte et illustre l'arrivée du bon vieux *Fram* en Antarctique, dans la baie des Baleines. Voici les chiens de traîneaux. Voici le concurrent anglais, le malheureux Robert Falcon Scott. Car Amundsen atteint le pôle le premier, le 14 décembre 1911.

Il ne s'arrête pas là. Retour au Nord. Et changement de moyen de transport. Voici des images de dirigeable. Voici le *Norge*, conçu par l'ingénieur italien Umberto Nobile. Ensemble, ils vont survoler le pôle… Nord.

Quand un autre dirigeable de Nobile s'écrasera sur le Spitzberg, Amundsen abandonnera sa retraite pour partir à sa recherche. Son hydravion ne reviendra pas.

Dans la famille des passionnés des glaces, la solidarité est une des valeurs premières.

Pour l'heure, Tromsø ne semble pas entrer dans la compétition féroce à laquelle se livrent les ports du Grand Nord, Reykjavik, Kirkenes, Mourmansk… pour accueillir le trafic et les dollars de la nouvelle route maritime. Pas de projets pharaoniques. Pas de terminaux gigantesques. Mais de l'expertise. Et de la réflexion. À Tromsø, on garde les pieds sur terre, laquelle est le plus souvent gelée, donc glissante. Au lieu de s'emballer et de croire à l'imminence de la fortune, on sait d'expérience les difficultés qu'il a fallu résoudre pour exploiter les richesses de la mer du Nord, pêche et pétrole. Les leçons des grands ancêtres sont toujours présentes. On n'affronte pas ces milieux hostiles sans s'être longuement, humblement, minutieusement préparé. Aker est l'une des sociétés qui, en liaison étroite avec les universités, rassemblent toutes les données indispensables pour travailler dans ces conditions extrêmes en limitant, autant que faire se peut, les risques (innombrables : humains, financiers, environnementaux).

Tout commence en 1841 par un petit atelier de réparation de bateaux installé tranquillement sur les bords de la rivière Aker. Puis l'histoire de la société accompagne celle de la Norvège.

L'atelier devient chantier naval et livre son

premier bateau en 1856. Ses activités prospèrent doucement jusqu'à ce qu'on découvre du pétrole et du gaz en mer du Nord.

Les bateaux sont dédaignés au profit des plateformes d'exploration puis d'exploitation. C'est l'une d'elles, Océan Viking, création d'Aker, qui en 1967 découvre le champ d'Ekofisk.

Autre conversion, ô combien symbolique dans ce pays qui jusqu'alors ne vivait pratiquement que de la pêche : l'usine flottante où l'on découpe les baleines devient un bateau de forage !

En 2008, la société complète son nom. Elle s'appelle maintenant Aker Solutions, voulant indiquer qu'elle se considère engagée, auprès de ses clients pétroliers et gaziers, par une obligation de résultat, quelles que soient les difficultés du projet. La société compte aujourd'hui 28 000 employés travaillant dans trente pays.

Son directeur nous accorde un long entretien. Alors que nous nous emballons en invoquant les perspectives ouvertes par la nouvelle route, notre ami va nous donner quelques leçons de modestie.

Quoi qu'en pensent les Terriens, les mers ne se ressemblent pas. Chacune a sa personnalité, ses bienveillances et ses sauvageries. Les mers traversées par le passage du Nord-Est gardent encore la plupart de leurs mystères : si peu de bateaux s'y sont encore aventurés…

C'est pour cela que sont précieux les renseignements déjà nombreux accumulés sur la mer de Barents. Même s'il y manque un personnage principal et redoutable, la glace, certaines ressemblances sont prévisibles, à commencer par le froid.

Si, en mer de Barents, les tempêtes sont généralement moins furieuses qu'en mer du Nord, et les vagues moins hautes, cette (relative) douceur est compensée par des températures bien plus basses.

On entre alors dans un nouvel univers, devant y affronter des périls imprévus.

Que faire, par exemple, quand les embruns à peine abattus sur une plateforme se mettent à geler ? En un instant, la plupart des équipements deviennent inutilisables, et notamment ceux qui garantissent la sécurité. Les volants commandant les valves ? Impossibles à tourner. Les extincteurs ? Hors d'usage. Les canots de sauvetage ? Bloqués sur leurs supports. Sans compter le poids accumulé dans les superstructures qui a fait sombrer plus d'un navire.

Le transport aérien a dû comprendre puis résoudre le même genre de difficultés.

Pourquoi, dans certaines conditions, les appareils tombaient-ils ? Il est apparu que le froid était responsable. Une pellicule de glace se déposait sur les ailes et le fuselage, entraînant une surcharge pour les moteurs, insupportable car non prévue. Depuis, quand la température l'impose, les avions sont dégivrés et traversent l'hiver sans encombre.

Autre originalité, plutôt terrifiante, de la

mer de Barents, ces sortes de tornades que l'on appelle les « lows », les bas (ou les gouffres). Soudain, la pression s'effondre, le vent se met à souffler en tempête et la neige tombe, à n'y plus voir. Les bateaux et les plateformes qui ont dû affronter ces lows s'estiment miraculés et les dégâts causés par ces agressions météorologiques font frémir : coques défoncées, cabines arrachées, superstructures tordues. Avec l'impatience et l'inquiétude que l'on devine, les pétroliers attendent des sociétés d'expertise comme Aker une meilleure connaissance de ces phénomènes et de leurs trajectoires.

Et n'oublions pas le brouillard. Lui aussi peut empêcher de travailler. Et il arrive qu'il dure des semaines. Comment remplacer le personnel quand aucun transport n'est possible ? Comment évacuer les malades ? Comment gérer les accidents ? Comment réparer quoi que ce soit quand on n'y voit rien ?

Ainsi parle le directeur. Jamais il ne présentera comme impraticable la route du Nord — n'oublions pas qu'il appartient à une société tenue d'apporter des solutions. Simplement, il nous dressera l'inventaire de toutes les difficultés à vaincre. Et pour, au fil de l'exposé, bien faire comprendre la nécessité d'appeler à l'aide les Norvégiens : qui peut rivaliser avec leur expérience dans les deux mers du Nord et de Barents ?

III

KIRKENES

69° 43' N ; 30° 04' E

Kirkenes trompe son monde. Au fond d'un joli fjord bien large entouré de collines enneigées, quelque 5 000 habitants sont dispersés dans des maisons plutôt modestes mais qui respirent le confort. Une église à toit rouge protège des mauvais esprits et permet d'envisager avec sérénité sa place dans l'au-delà. Un cube énorme bleu et blanc s'avère le terminal d'une mine de fer gérée à la norvégienne, c'est-à-dire à l'écologiste : pas de fumée, pas de bruit. Sur les quais, des montagnes de casiers et quelques bateaux russes indiquent que, dans les alentours, on pêche avec profit le crabe royal. Bonne nouvelle pour les commerçants. D'ailleurs, une boutique *Interflora* rappelle que rien ne vaut un bouquet de fleurs pour saluer les bonheurs ou les deuils de l'existence.

Cette petite ville semble incarner la paix nordique, la communion avec la nature glacée en même temps que la prospérité tranquille.

Qui pourrait croire que sur ce petit paradis le

sort et la folie des hommes se sont un jour si sauvagement acharnés ? Durant la bataille de Mourmansk (1942-1944), les Allemands avaient choisi Kirkenes comme base arrière avant de repartir à l'assaut. Leur villégiature fut vite ruinée par les bombardements des alliés, Soviétiques et Britanniques. De la localité charmante, il ne restera plus rien.

Et aujourd'hui, qui pourrait imaginer que, dans peu d'années, ce havre de quiétude retrouvée pourrait accueillir des armées de bulldozers et recevoir des cataractes de dollars pour devenir l'un des ports principaux de la nouvelle voie maritime ?

Il faut dire que Dieu, ou ses représentants locaux, Odin et compagnie, a trop comblé Kirkenes :

— à l'extrême nord-est de la Norvège et à deux pas de la Russie, une position parfaite, à l'une des extrémités de la nouvelle route maritime ;

— un plan d'eau exceptionnel, protégé des furies de la mer par un rempart de collines et profond juste comme il faut : plus de 10 mètres de profondeur jusqu'à la côte ;

— grâce à la mine, un début d'infrastructures et notamment une ligne ferroviaire vers le sud ;

— de vastes espaces plats sur les bords : on dirait qu'ils n'attendent qu'une chose, recevoir leur part de forêt moderne, grues et tuyauteries ;

— la triple qualité de la population locale :

une volonté générale, chez les élus comme chez les citoyens, de développer la ville ; cette passion norvégienne pour l'efficacité qui fait plaisir aux investisseurs ; une bonne pratique des voisins russes, de leur bureaucratie toujours au pouvoir, toujours aussi sourcilleuse, toujours aussi corrompue. Y faire sa route demande autant d'humilité, d'énergie et d'habileté que naviguer dans les glaces. On pourrait d'ailleurs penser à construire des navires brise-bureaucratie.

Écoutez maintenant la belle histoire que l'on nous avait annoncée à Oslo. La mine de fer locale, propriété de l'État, souffre de mauvaise organisation et de cours très déprimés. Comme elle accumule les pertes, le gouvernement décide de lui trouver un acheteur ou de la fermer. Catastrophe pour la petite ville, où la mine représente plus de la moitié des emplois.

La société Tschudi se porte acquéreur, non pour le fer (les matières premières ne sont pas — pas encore — son métier) mais pour certaines installations portuaires, propriété de la mine. Si la ville devient l'un des ports de la nouvelle route, ces pontons et ces hangars peuvent se révéler des plus utiles pour l'entreprise.

Sitôt le contrat signé, le cours du fer, comme s'il n'attendait que cette marque de confiance, décide de se réveiller. Tschudi rouvre la mine.

Pendant ce temps-là, 2 000 kilomètres plus à l'est, dans la péninsule de Iamal, on a découvert d'énormes réserves de pétrole et surtout de gaz.

Pour les exploiter, il faut des infrastructures.

Mais comment les bâtir puisque le sol n'est que tourbe et vase et boue ?

Car le Créateur, dans son habituelle facétie, s'est amusé, dans ces régions extérieures, à inverser les rôles : la mer, le plus souvent glacée, est solide. Et la terre, quand elle dégèle, devient presque liquide. Pour profiter de la manne pétrolifère et gazière, il faut de toute urgence solidifier la miraculeuse péninsule. Qui aurait des cailloux, beaucoup de cailloux à nous offrir ?

Tschudi lève la main. Pour obtenir du minerai de fer, il faut extraire et broyer d'énormes quantités de gravats.

Ces déchets sont une malédiction. Soit on les entasse en terrils et le paysage prend des allures étranges, soit on les jette à la mer.

Dès cet instant, les déchets deviennent source de richesse, plus que la matière dite première.

Le « sous »-produit abandonne ce qualificatif infamant. Il devient un bien à part entière.

Et c'est ainsi que chaque année, 150 000 tonnes de ces graviers sont embarquées à Kirkenes pour rejoindre la péninsule où elles donneront enfin un peu de substance à la toundra.

M. Thon, qui vient de fêter, en excellente forme, ses 90 ans, est l'incarnation du Norvégien. Il aime la nature en même temps qu'il mène habilement la barque de ses affaires. Ayant gardé de son enfance le goût des cabanes, il en construit partout dans les plus beaux endroits du pays et les loue à ses camarades randonneurs.

L'âge venant et, avec lui, le goût d'un certain confort, il ouvre des hôtels. Ils sont maintenant au nombre de quarante.

Celui de Kirkenes, construit au bord de l'eau, est un enchantement. Pour l'heure, les clients goûtent la vue, s'émerveillent de la paix et, l'après-midi, pour découvrir la région, s'emmitouflent soigneusement et se laissent traîner sur la neige par des chiens aux yeux bleus. On entend de loin leurs cris d'enfants joyeux.

Le soir, ils vont dîner à l'hôtel de glace.

Resteront-ils fidèles à l'excellent M. Thon quand ils se retrouveront au cœur d'une raffinerie, avec pour seule perspective des alignements de pontons et pour seul spectacle une noria de méthaniers ?

IV

MOURMANSK

68° 58' N ; 33° 05' E

Que celles et ceux qui jettent volontiers la pierre aux alcooliques, que celles et ceux qui n'ont jamais ressenti le besoin urgent d'une longue gorgée de vodka prennent un jour l'avion pour Mourmansk. Ils comprendront que pour lutter contre la désespérance, tous les moyens sont bons. Notamment les boissons fortes.

D'abord le froid, le grand froid, manque à l'accueil, cette cruelle agression de l'air qui vous donne un sentiment d'héroïsme, rien qu'à l'affronter. Le thermomètre atteint à peine – 1 °C. Être venu si loin, si haut, 69° Nord, dans la plus grande ville du monde au-delà du cercle polaire, pour ne même pas frissonner, quelle déception ! Vite ravalée. Oublions le romantisme et les promenades avec le Dr Jivago et sa compagne, Julie Christie. Nous sommes ici pour des affaires sérieuses, voire dramatiques.

Le second choc, c'est la couleur, noirâtre, de la neige. Notre route surplombe la gare. Le chauffeur de taxi nous montre fièrement les interminables convois de charbon. L'électricité vient de ces centrales. On n'ose imaginer l'état des bronches et des poumons des 300 000 habitants. D'après les statistiques officielles, l'espérance de vie, qui fut l'une des plus faibles de Russie, aurait tendance à se relever. Acceptons cette bonne nouvelle car l'ambiance générale n'est pas joyeuse malgré un centre plutôt propret, même si les efforts de peinture pastel sont ternis par le vent, la pluie et la pollution. Au-delà, sur les collines, d'immenses barres grises et délabrées s'étagent et ne donnent guère envie d'y habiter. Jusqu'à peu, vous ne trouviez pas en ville de maisons individuelles. Depuis 2005, une unique rue en dehors de la ville, Ogni Murmanska, offre des résidences privées à l'accès vraisemblablement très réservé.

Il était une fois une paisible bourgade nommée Kola, perdue dans la taïga, occupée à la pêche et à l'élevage de rennes. Vint la guerre, la Grande, 14-18. Qui fut celui qui susurra à l'oreille de Nicolas II qu'il y avait là, au fond de ce fjord qui ne gèle jamais, de quoi rétablir le pont avec ses alliés occidentaux ? Avec des méthodes que le goulag ne démentirait pas, on envoya 70 000 hommes jeter çà et là des quais, des voies ferrées et des bâtisses de fortune. Romanov-sur-Mourman était née, vite fait, mal fait. Les bolcheviks s'étant débarrassés dudit Romanov, ils firent de même pour le nom de la ville. Resta Mourmansk.

La première guerre l'avait fait naître, la

seconde faillit la tuer. Staline avait fait creuser un canal entre la mer Blanche et la Baltique, au prix de 50 000 à 200 000 morts (quand on est au goulag, on compte mal), mais il ne servit jamais, il n'était tout simplement pas assez profond. Mourmansk resta le seul point de contact portuaire avec l'Occident.

De l'héroïque résistance russe à l'offensive allemande, l'Histoire n'a retenu que Stalingrad. Si le nombre de morts est moindre, l'horreur fut la même dans la péninsule de Kola, et semblable la formidable vaillance de ses habitants. Mourmansk est l'autre Stalingrad. Impossible de ne pas s'en souvenir si l'on veut tenter de comprendre l'âme de la ville.

C'est par Mourmansk qu'arrivent les convois d'armes envoyés par les Américains pour alimenter l'Armée rouge. Furieux, Hitler lance 150 000 hommes. Ils sont arrêtés à 50 kilomètres. Le commandant allemand choisit la solution de facilité : noyer Mourmansk sous 207 000 tonnes de bombes qui réduisent les trois quarts de la ville en cendres.

Quarante mois durant, Mourmansk résiste et continue de décharger les 800 bateaux alliés qui y parviennent.

Le 7 octobre 1944, l'Armée rouge lance la contre-offensive. Un mois plus tard, les Allemands déguerpissent. La ville y gagne une médaille et une reconstruction animée par la grâce architecturale soviétique des années 1950.

Les alliés américains d'hier étant devenus des ennemis potentiels, c'est grâce à la guerre froide que Mourmansk connaît ses meilleures années. Les emplois se multiplient, les roubles affluent, les équipements se modernisent. 16 kilomètres au nord, la base de la flotte militaire de Severomorsk ne cesse de s'étendre : elle a été choisie pour abriter les sous-marins et brise-glaces nucléaires. La ville, bon petit soldat, avale les becquerels sans sourciller.

Dès l'entre-deux-guerres s'est aussi révélé un nouvel atout, excellent pour l'économie autant que mortifère pour la santé : la péninsule de Kola regorge de nickel, phosphate de calcium, fer, cuivre, titane, or, et quantité de ces terres rares au nom en « ium » qui font les délices de nos téléphones portables et ordinateurs. Dans une ambiance de fin du monde, des dizaines de mines crachent dans toute la péninsule les métaux autant qu'une pollution qui ravage le pays et ses hommes. Mourmansk fait tourner ses navires, ses grues, ses trains, ses camions pour exporter ce sang de la terre dont elle respire les scories.

Dans les années 1990, quand s'effondre l'Union soviétique, son armée (rouge) se retrouve abandonnée : sans mission, puisque la guerre froide est morte ; et sans crédits, puisque l'économie russe est exsangue. Les salaires n'arrivant plus, les militaires tentent de survivre par toutes sortes d'expédients, trafics et commerces divers. Les sous-marins nucléaires vont s'inventer de nouvelles missions. Par exemple, offrir leur énergie à qui veut bien la payer. Dans la grande désorganisation du pays, beaucoup de villes, surtout les plus lointaines, sur la côte sibérienne, ne reçoivent plus d'électricité.

Qu'à cela ne tienne, un sous-marin nucléaire, avant de lancer la foudre, est une centrale (atomique). Il suffit de quelques branchements dès son arrivée au port et, moyennant finances, la lumière de nouveau jaillit.

L'autre activité de la flotte sous-marine russe fut le transport. Les contrées reculées manquaient de tout, surtout durant l'hiver, quand les glaces bloquent les routes maritimes. Les sous-marins n'ont pas ces contraintes : ils n'ont qu'à plonger. C'est ainsi que les villes de Doudinka et de Norilsk, capitale mondiale du nickel, furent, un temps, ravitaillées en… poulets par les plus sophistiquées des machines de guerre jamais inventées par l'espèce humaine.

Le 12 août 2000, le *Koursk* (154 mètres de long, 13 500 tonnes, 118 hommes d'équipage) participe à des manœuvres en mer de Barents lorsqu'il est victime de deux explosions.

Il coule rapidement et repose désormais par 108 mètres de fond. Vingt-trois marins ont survécu. Le monde entier va suivre leur agonie. Une polémique se déclenche qui n'est pas close aujourd'hui. L'accident est-il survenu lors du lancement d'une torpille ? C'est la thèse officielle. Ou le sous-marin a-t-il été heurté par un sous-marin américain présent sur les lieux ? Pourquoi Vladimir Poutine, élu président depuis peu, n'a-t-il pas daigné interrompre ses vacances et tardé jusqu'au 16 août pour appeler à l'aide des pays étrangers ? Les vingt-trois marins, que 108 mètres seulement, rappelons-le, séparaient de la surface, auraient-ils pu être sauvés ?

Les réponses à ces questions font encore débat.

Le souvenir de ce drame qui a endeuillé tant de familles pèse toujours sur Mourmansk. La tourelle du sous-marin trône à côté du phare local en lot de consolation.

C'est un petit homme avec trois gros galons. C'est donc un capitaine. Mais son bateau ne navigue plus. Il attend les visiteurs le long d'un quai de Mourmansk, juste en face des tas de charbon. Devant le navire, court une rambarde le long de la baie aux eaux sales, l'équivalent du pont des Arts, où les amoureux accrochent des cadenas censés verrouiller leur amour, dans un décor industriel plutôt mal adapté. Mais toujours rien au nom de Jivago.

Lorsqu'il fut lancé, le 5 décembre 1957, le brise-glace *Lénine* était le premier navire civil à propulsion nucléaire. À l'égal du Spoutnik, il devait prouver l'avance scientifique et technologique de l'Union soviétique sur les États-Unis. Long de 134 mètres, déplaçant 16 000 tonnes, il était d'une puissance sans égale : 44 000 chevaux. Quarante-deux ans durant, il ouvrit la voie aux bateaux ravitaillant les villes de l'extrême Nord sibérien ou exportant leurs matières premières comme le nickel de Norilsk.

« Pouvez-vous croire qu'après son arrêt de service, en 1995, on a failli le découper en tranches ? Oui, comme un vulgaire poisson ! Pour récupérer l'acier. La population s'est révoltée. Dans tout le pays, des gens ont manifesté. Nous, les marins, nous en avons pleuré. Nous avons sauvé notre *Lénine.* C'est grâce au peuple russe qu'il est devenu un musée. »

Et le petit homme aux trois galons remonte aux temps glorieux. Lorsque le *Lénine,* entre deux missions, portait haut, un peu partout dans le monde, le drapeau de la Russie.

Le moment est venu d'aborder l'envers de ce parcours glorieux, l'accident de l'hiver 1966-1967. Il se dit qu'un des réacteurs du *Lénine* aurait fondu.

« Comment vous êtes-vous débarrassés de l'installation défectueuse ?

— Facile ! Un trou avait été préparé dans la coque, juste en dessous de la centrale endommagée. Puis nous avons conduit notre bateau vers des eaux profondes, un peu loin, vers la Nouvelle-Zemble. Le plus difficile pour nos ingénieurs a été de bien placer la dynamite, et surtout de tout faire exploser en même temps.

— Et alors ?

— Nos ingénieurs sont de bons ingénieurs.

J'étais là. Ils ont réussi. Des quatre petits boums, on n'en a entendu qu'un.

— Et après ?

— Le bloc de l'ancienne centrale est descendu tout droit dans l'eau sans abîmer le reste du bateau. On a remis des tôles et on est repartis pour se faire remettre une nouvelle pile atomique, beaucoup plus moderne.

— Mais la mer ?

— Nos ingénieurs vérifient régulièrement. Tout va bien. Aucune radiation particulière. Et les pêcheurs ne se plaignent de rien. »

Sur ce bateau *Lénine*, comment ne pas poser la question qui nous brûle les lèvres depuis notre arrivée en Russie ?

« Vous regrettez l'époque communiste ? »

Il se raidit. On dirait qu'il vient de se mettre au garde-à-vous et ses yeux regardent bien au-delà de nous l'interminable couloir aux cabines de luxe.

« Au moins, dans ce temps-là, notre pays était respecté.

— Mais votre président Poutine, il se fait respecter.

— Il nous rend de la grandeur. »

Mourmansk ressemble à cette vieille femme cabossée par la vie. Nous l'avions croisée dans la rue où elle marchait à petits pas. Plus tard, nous l'avons retrouvée au musée où elle racontait à ses petits-enfants le martyre de la ville. Dehors, la jeunesse se presse au MacDo. Les filles, perchées sur leurs stilettos, tentent de ne pas tomber sur les trottoirs englacés.

Après les guerres chaudes et froides qui lui ont donné son essor, la nouvelle route pourrait ouvrir à Mourmansk un bel avenir. Ici, on ne se lamente pas sur le réchauffement climatique ; au contraire, on l'attend, on le prépare.

Nouveaux quais, terminal pétrolier à charbon, à conteneurs, brise-glaces flambant neufs, centrale nucléaire, on promet tout. La vieille dame a le vertige, les dollars lui montent à la tête plus sûrement que la mauvaise vodka.

On rêve à la mise en service, un jour, du gisement de Chtokman, l'un des plus grands champs gaziers *offshore* au monde, à 500 kilomètres au nord, en pleine mer de Barents. Et si on construisait un pipeline jusqu'à la ville ? Plus à l'est, les énormes richesses découvertes dans la péninsule de Iamal ne pourront qu'accentuer ce flux.

Encore faudrait-il que les infrastructures nécessaires soient financées par des investisseurs aux moyens suffisants et aux nerfs assez solides pour résister à toutes les corruptions, ainsi qu'aux flambées patriotiques du dirigeant suprême.

Où en est le nouveau terminal pétrolier promis à Mourmansk par Vladimir Poutine en 2007 ?

Et le projet de Gazprom, ce gazoduc sous-marin qui devait relier la ville aux clients de toute l'Europe via Saint-Pétersbourg ?

Faute d'argent, une décision réjouit déjà Mourmansk : comme tête de pont de la nouvelle route, les plus hautes autorités ont décidé une bonne fois pour toutes de la préférer à sa rivale de toujours, Arkhangelsk, sur la mer Blanche.

Qui sait ? De tout cela, il restera peut-être des miettes pour repeindre les immeubles et construire des hôpitaux pour les cancéreux ?

V

MER DE BARENTS : PÊCHEURS DE TOUS LES PAYS

Belle matinée d'hiver à Kirkenes. L'eau calme du fjord reflète à la perfection les quatre chalutiers battant pavillon russe qui occupent la totalité du quai. Le contenu de leurs cales vient de prendre la direction de l'entrepôt frigorifique voisin, sur le terre-plein.

Pourquoi s'arrêtent-ils ici plutôt qu'à Mourmansk ? Demandez-leur. La réponse sera sans appel : moins de formalités, une meilleure logistique et des prix élevés pour ce poisson qui va rapidement prendre la direction de l'Union européenne.

La Russie est à un jet de pierre de ce recoin de Norvège ; les collaborations n'ont jamais cessé, même pendant la guerre froide, et se sont renforcées depuis la chute du mur. La pêche en mer de Barents est une affaire quasi exclusivement russo-norvégienne ; il a bien fallu s'entendre pour gérer ce… gros gâteau. Les chalutiers russes sont donc presque chez eux ici.

La mer de Barents, espace modeste en taille,

entre le Spitzberg, la Norvège et la Russie, est bénie par les dieux de l'halieutique. La dérive nord-atlantique, issue du Gulf Stream, vient opportunément mêler ses eaux tièdes à celles de l'Arctique, le tout bien baratté par des tempêtes légendaires. Des profondeurs maximales de 400 mètres assurent un brassage fond/surface permettant les échanges de nutriments et d'espèces. Les glaces de mer, qui couvrent l'hiver la moitié nord de cet espace marin, fournissent au printemps des eaux douces de fonte et leur plancton associé. Voilà pourquoi la mer de Béring est si riche.

Les hommes ne s'y sont pas trompés. Dès le XVIIIe siècle, Anglais et Néerlandais s'aventurent au large pour attraper la morue qui, aujourd'hui encore, demeure la star des pêcheries. Le froid, les rudes conditions de travail, l'éloignement expliquent en partie que les chalutiers se soient d'abord concentrés sur les ressources les plus accessibles, celles de la mer du Nord et des bancs de Terre-Neuve. Las, à force de tout racler et de sortir de l'eau des millions de tonnes, ces deux paradis de la pêche ont périclité. La mer de Barents a pris le relais.

Les mêmes causes ont failli provoquer les mêmes effets dans les années 1980 et 1990, et les stocks plongèrent de façon alarmante. Russes et Norvégiens s'entendirent alors pour une réglementation sévère et pour s'attaquer à la pratique de ce que les technocrates appellent « pêche illicite, non déclarée et non réglementée », dont l'estimation, côté russe, avoisinait les 100 000 tonnes. La méthode était bonne, le réchauffement des eaux donna peut-être un coup de pouce, mais le stock de morue reprit des couleurs, au point que l'on considérait en 2013 qu'un milliard de ces poissons se baladent en mer de Barents. Les autorisations de capture ont donc bondi de 500 000 tonnes en 2009 à 1 million en 2013 pour la coquette somme de 2 milliards d'euros. Les exportateurs norvégiens, débordés par la manne, organisent de grands jeux concours parmi les poissonniers français. Celui qui en vend le plus gagne… 1 tonne du délicieux gadidé. Cette *success story* ne connaît qu'une ombre, la volonté des pétroliers norvégiens de mettre en exploitation des champs au large des îles Lofoten, zone de ponte de la morue. Les pêcheurs grincent des dents. Les études d'impact sont lancées et la polémique avec. Arrête-t-on les pétroliers ?

D'autres espèces n'ont pas eu la même fortune ; c'est le cas du capelan, petit poisson d'une quinzaine de centimètres, espèce emblématique des « poissons fourrage ». Sous cette curieuse dénomination, on classe les poissons considérés comme peu nobles, tout juste bons à être réduits en farine pour… nourrir d'autres poissons en élevage. Aujourd'hui, alors que l'aquaculture représente près de la moitié de notre consommation de poisson, la pression sur ces stocks devient maximale. Après un âge d'or des captures dans les années 1970, les populations ont considérablement diminué. Par deux fois déjà, l'effondrement des stocks en mer de Barents a conduit à fermer la pêche (1995 et 2006). Si depuis 2011 elle semble un peu stabilisée, l'abondance du capelan est très variable, en fonction de la température, de sa nourriture et de sa prédation par d'autres espèces. Car nous ne sommes pas les seuls à nous intéresser à cette petite bête plutôt grasse. Les morues en raffolent ainsi que bon nombre de cétacés, phoques et oiseaux. C'est donc une compétition quelque peu schizophrénique qui nous conduit à affamer certaines espèces que nous consommons ou désirons protéger pour nourrir nos élevages.

La liste des bienfaits halieutiques de la mer de Barents est encore longue : morue arctique et flétan dans le nord, églefin, lieu, hareng (ou ce qu'il en reste) plus au sud. Au total, ce ne sont pas moins de 150 espèces commerciales qui peuplent cette mer de cocagne ; soit 5 % des pêcheries mondiales en mer, près de 4 millions de tonnes.

Décernons une mention spéciale au crabe royal du Kamtchatka qui n'aurait jamais fréquenté ces eaux si, en 1960, les Russes ne s'étaient avisés d'y déverser 13 000 adultes et 1,5 million de larves, histoire de soutenir la pêche. Pari plus que réussi. Après avoir végété une vingtaine d'années, la population explose pour atteindre plus de 9 millions en 2009. Vivant trente ans, mesurant jusqu'à 1,50 mètre, le crabe royal est légèrement boulimique, ce qui n'est pas sans poser de problèmes à l'équilibre écologique, surtout dans les fjords et les eaux côtières.

Au final, cette mer difficile, où le mauvais temps le dispute aux brouillards, est d'une importance primordiale pour des milliers de pêcheurs, des millions de consommateurs et un vaste écosystème. L'eldorado halieutique s'est doublé d'un eldorado pétrolier et gazier, qui a incité encore plus la Russie et la Norvège à s'entendre pour garder la main. Les deux économies, rapprochées par la chute du mur, sont complémentaires en mer de Barents : l'une a les technologies et l'ouverture à l'ouest, l'autre de la main-d'œuvre et des richesses naturelles à foison. Une partie des découvertes de carburant fossile s'étant faite dans une zone grise revendiquée par les deux nations, au milieu de la mer de Béring, nous avons vu la hâte des deux compères à signer en 2010 le traité de Mourmansk mettant fin au conflit de délimitation de leurs eaux territoriales, condition *sine qua non* pour y entreprendre des forages.

Un dernier point chaud a été négocié dans la foulée au sud du Svalbard. La Norvège avait récupéré l'archipel en 1920, à condition d'y laisser les exploitants miniers historiques étrangers poursuivre leur travail. Puis elle avait, dans les années 1980, interprété à sa manière la définition des ZEE pour s'octroyer les ressources halieutiques dans les 200 milles. Depuis 2010, des accords permettent à la Russie d'y accéder aussi, au grand dam des autres nations.

Morues, harengs, sébastes, églefins, flétans ont déjà notablement entamé leur migration vers le nord, sans doute à la poursuite de leurs proies favorites et sous l'effet de l'augmentation des températures. Celle des pêcheurs va suivre logiquement, et le Svalbard prendra une importance stratégique.

Le portrait de la mer de Barents ne serait pas complet sans signaler que le nord de la zone, aujourd'hui encore typiquement polaire, est la patrie de l'essentiel des morses atlantiques, de nombreux phoques, ours blancs, baleines et même narvals, toutes espèces emblématiques du Grand Nord. Leur déclin sera le signe de la mauvaise santé de l'écosystème tout entier.

Car c'est bien le réchauffement climatique qui est la menace la plus réelle aujourd'hui. Dans un premier temps, l'élévation des températures pourrait augmenter la productivité de cette mer froide, grâce à une vitesse de croissance supérieure des organismes. Mais cette région maritime est l'une de celles qui vont le plus se réchauffer, peut-être + 6, voire + 10 °C dans cent ans, si rien n'est fait. Même sans en arriver à ces extrêmes, une augmentation de quelques degrés seulement aura des conséquences imprévisibles sur les organismes marins, la composition du plancton, la chaîne alimentaire, l'abondance des espèces et leur éventuelle disparition, incapables qu'elles sont de s'adapter aussi rapidement. Que deviendront notre mer de cocagne et nos animaux fétiches ?

La seconde menace est encore d'origine anthropique, c'est l'exploitation pétrolière et gazière qui a déjà commencé dans le sud de la mer de Barents et s'étend de plus en plus au nord au fur et à mesure des découvertes. L'État norvégien a promis de ne pas exploiter à moins de 50 kilomètres de la banquise. Même si cet engagement est respecté, les forages restent à haut risque environnemental du fait du mauvais temps, des brouillards, des restes de glace qui peuvent rendre les interventions d'urgence quasi impossibles. Un drame pour l'écosystème se traduirait immédiatement par sa réplique pour la pêche et les hommes.

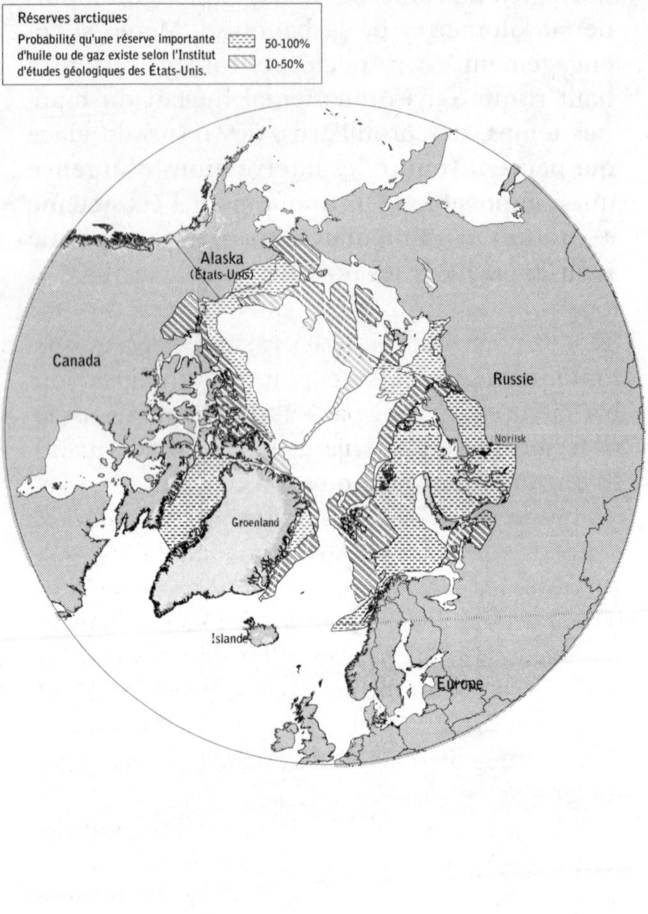
Réserves arctiques
Probabilité qu'une réserve importante d'huile ou de gaz existe selon l'Institut d'études géologiques des États-Unis.
50-100%
10-50%
Alaska
(États-Unis)
Canada
Russie
Norilsk
Groenland
Islande
Europe

VI

TRÉSORS DU SOUS-SOL

Jusqu'au milieu du XIXe siècle, les autorités russes ne s'intéressent à la Sibérie que pour la peau de ses animaux. Depuis des siècles, les fourrures valent plus cher que l'or, et c'est vers elles que tendent toutes les ruées. Les trappeurs sont les seuls véritables explorateurs, animés non par la curiosité mais par l'appât du gain… et la nécessité d'avancer toujours plus vers l'est quand ils ont vidé d'un territoire tous les renards, tous les castors, tous les loups et surtout les zibelines.

Les compagnies de commerce anglaises, hollandaises et scandinaves se livreront de féroces batailles pour avoir accès à ces trésors. Mais la Russie veille. La route maritime du Nord n'est pas seulement interdite par les glaces. Moscou ne veut pas que des intrus viennent s'immiscer dans cette activité, la plus rentable pour le Trésor public.

Plus tard, lorsque des gisements de charbon sont découverts le long de la côte, ils ne servent qu'à alimenter les machines des premiers navires à vapeur. Le voyage est très long et leurs cales trop petites : ils doivent se ravitailler pour pouvoir songer à revenir.

Les matières premières tardent encore à retenir l'attention. Le pétrole de la Caspienne ouvre les yeux des dirigeants. Ceux-ci acceptent enfin de comprendre que, du sous-sol, on peut tirer davantage de richesses que des forêts. Et des géologues, de plus en plus nombreux, commencent à accompagner les chasseurs. Des explorations systématiques sont organisées. Et bientôt des trésors apparaissent, des réserves immenses. Mais comment les exploiter, si loin de toute civilisation, sous un climat terrible, avec des températures qui descendent en hiver en dessous de – 50 °C ?

Staline a la réponse : le goulag.

Une histoire résume cette stratégie toute simple, et terrible. Entre le fleuve Ienisseï et la péninsule de Tamyr, au-delà du cercle polaire, un site perdu vient d'être repéré comme regorgeant de nickel, de cuivre, de cobalt et de charbon. Nous sommes en 1933. L'économie soviétique réclame pour son développement toujours plus de matières premières. La décision est prise par le dictateur de bâtir, dans ce désert glacé, une ville. On l'appellera Norilsk.

Nul être humain doué de raison n'accepterait, de son plein gré, d'aller y travailler.

Ce genre d'états d'âme petits-bourgeois n'est pas de nature à freiner la marche en avant vers des lendemains qui chantent. Il suffit d'organiser quelques petites déportations. À lire les chefs-d'œuvre d'Alexandre Soljenitsyne, on pourrait penser que les pensionnaires du goulag étaient surtout des politiques, des opposants. En réalité, leur nombre fut minime comparé à la masse de tous ceux, droits-communs et malchanceux, qu'un beau jour, une belle nuit, la police vint chercher en prison ou chez eux pour les envoyer en enfer.

La route des matières premières de Sibérie est aussi celle des camps de travail.

Éric Hoesli est un grand journaliste suisse, l'un des fondateurs du quotidien genevois *Le Temps*. Fidèle à ce titre, qui semble être aussi sa devise, cet homme-là ne se laisse pas emprisonner par la frénésie de la fausse urgence. Des années durant, il voyage, écoute, amasse, s'imprègne. Ses proches doivent se battre avec lui pour qu'il daigne publier. On lui doit une merveille de livre, *À la conquête du Caucase* (Éditions des Syrtes, 2006), le seul ouvrage capable de vous guider dans cette région du monde ô combien compliquée.

Nous sommes nombreux à le supplier régulièrement de bien vouloir nous communiquer les résultats de l'enquête qu'il mène depuis trente ans sur cette Sibérie, « le filon le plus riche pour qui aime les histoires », comme il se plaît à le dire. Il sourit, hoche la tête, marmonne des « bientôt », « bientôt », qui, hélas, n'annoncent rien de très proche. En attendant, il faut aller lui rendre visite, poser son sac et l'écouter. Les chemins du Grand Nord, décidément imprévisibles, passent par le Jura suisse.

C'est à Éric Hoesli que nous devons les meilleurs récits sur les conditions de travail dans ces bagnes d'hier, égrenés tout le long de la côte. Plus ils se trouvaient loin de Moscou, plus le directeur du camp était l'otage de ceux qu'il emprisonnait. Un objectif de production lui était assigné. S'il n'était pas rempli, la foudre stalinienne tombait. Alors ce pauvre fonctionnaire se trouvait contraint de passer un accord avec les plus fortes personnalités du camp, c'est-à-dire les plus violents des bandits. Vous vous arrangez pour que les chiffres soient atteints et moi je ferme les yeux sur vos trafics. On imagine le calvaire vécu par les quelques intellectuels égarés dans ce cauchemar à cause de leur trop grand amour de la liberté…

Pour égayer l'ambiance, il nous ressert de la bière et nous propose une devinette : « Savez-vous le lien vital unissant les mammouths sibériens et les éléphants d'Afrique ? »

Nous nous perdons dans toutes sortes d'hypothèses, des descendances, des arbres généalogiques, des chaînons manquants… Il vaut mieux laisser parler notre Helvète.

Et c'est ainsi que le personnage principal de notre voyage, le réchauffement, refait son apparition et remonte sur la scène.

Du fait du dégel, de plus en plus violent chaque fin de printemps, les berges des fleuves sont rabotées toujours plus durement par les glaces en débâcle. Des quantités de dépouilles de mammouths, jusqu'alors parfaitement conservées par le froid, sont ainsi mises au jour. Pour le plus grand bonheur de la nouvelle race de trappeurs qui vit de cette drôle de chasse : il ne s'agit plus de tuer mais de repérer des squelettes, le plus discrètement possible. On reviendra les chercher en camion... Le commerce est profitable : un kilo d'ivoire est vendu 300 dollars à des négociants qui l'offriront pour cinq fois plus aux amateurs asiatiques.

Imaginons la suite, l'industrialisation de la recherche, l'utilisation de sonars et autres moyens modernes... Tous les mammouths décédés dans cette région du monde sont localisés. Combien d'entre eux peuvent avoir trouvé, dans ce cimetière gigantesque, un repos qu'ils croyaient éternel ? Sans doute des millions. Une réserve inépuisable, qu'il devient de plus en plus facile d'exploiter à mesure que le réchauffement s'accélère. L'offre d'ivoire augmente, dépasse bientôt la demande. Les cours s'effondrent. Quel besoin d'aller chercher des défenses ? Grâce aux mammouths défunts, les éléphants d'Afrique sont sauvés !

Éric Hoesli, ravi de notre surprise, nous laisse tirer tout seuls les conclusions de son histoire.

1. Décidément, notre monde est *religieux*, ou si vous préférez *relié*. Les *effets papillon* se multiplient : chaque battement d'ailes ici entraîne ailleurs des conséquences imprévisibles.

2. Le marché et sa loi féroce, la concurrence, peuvent entraîner le pire. Mais parfois aussi le meilleur.

VII

ELDORADOS GLACÉS

C'est en 1988 que fut découvert le gisement de Chtokman, l'une des plus importantes réserves mondiales de gaz naturel *offshore.* Il se trouve dans la partie russe de la mer de Barents, au sud-ouest de la Nouvelle-Zemble et représenterait 2 % des réserves mondiales.

Toutes les compagnies se sont précipitées pour l'exploiter. Mais les difficultés les ont fait renoncer une à une. Si on sait s'accommoder de la profondeur de 350 mètres, la distance pour rejoindre la côte, 500 kilomètres, pose des problèmes beaucoup plus sérieux. Elle interdit d'utiliser des hélicoptères pour organiser les rotations des personnels. Et pour évacuer le gaz, il faut construire un gazoduc, le plus long jamais envisagé, dans ce milieu polaire ô combien difficile.

On peut comprendre pourquoi Gazprom, Total et les autres hésitent : le coût des infrastructures pourrait dépasser les 30 milliards de dollars. La rentabilité du projet dépend du prix du gaz. Et comme la croissance ralentit, la demande se fait moins forte et les cours en pâtissent… Il est urgent de ne pas se précipiter.

Plus à l'est, la péninsule de Iamal, juste un peu moins grande que l'Angleterre, avance de 700 kilomètres dans la partie ouest de la mer de Kara. Vers l'est, elle est longée par l'immense fleuve Ob. Jusqu'à la fin du XXe siècle, n'y vivaient que des rennes et des nomades nénètses.

Et puis un peu de pétrole y fut découvert mais surtout le plus important gisement de gaz du monde, représentant un quart des réserves mondiales. D'autres gisements ont été repérés ailleurs dans cette Sibérie aussi pauvre en êtres vivants que riche en matières premières. Cette péninsule est un eldorado, une sorte de golfe Persique. Si bien qu'une activité forcenée s'y déploie, dans des conditions physiques et climatiques des plus hostiles. Et dans l'un des milieux les plus fragiles de la planète.

Le mot Iamal signifie « extrémité ». Cette « extrémité » est ainsi devenue, en très peu d'années, l'un des lieux principaux de la route du Nord. Le point vers lequel convergent — ou vont converger, car les travaux n'avancent pas vite, malgré les efforts et les moyens, considérables, engagés — trains, pipelines, avions (pour l'instant seulement des hélicoptères) et bien sûr bateaux.

L'exploitation du champ de Yuzhno-Tambeyskoye, au nord-est de la péninsule, donne une idée de l'ampleur des moyens employés :

— un investissement considérable, de l'ordre de 20 milliards de dollars, à la hauteur de l'enjeu : produire puis exporter chaque année 16,5 millions de tonnes ;

— une alliance internationale, en l'espèce pour 60 % Novatek (la deuxième société russe dans le secteur après Gazprom) et pour 20 % chacun le français Total et le chinois CNPC ;

— des constructions diverses et gigantesques, à commencer par une centrale, un terminal méthanier, un aéroport ;

— des travaux d'une difficulté extrême. Un exemple : pour stabiliser les installations construites sur le pergélisol, qui n'est que de la boue gelée, 5 000 pieux seront plantés dans le sol jusqu'à 35 mètres de profondeur ;

— une lutte permanente contre la glace, notamment par l'élévation de digues au milieu des fleuves pour résister à la débâcle ;

— la création d'une flotte de 30 méthaniers dont 16 brise-glaces, capable de transporter 170 000 mètres cubes chacun.

L'ambition est de pouvoir charger l'un de ces bateaux toutes les trente-huit heures et tout au long de l'année. Destination principale : la Chine, premier client du gaz de Iamal. Ce pays, dont les besoins en énergie sont colossaux, souhaite se libérer du charbon. Malgré tous les efforts engagés pour trouver une manière « propre » et l'exploiter, il empoisonne encore beaucoup trop l'air et participe à grande échelle à la production de gaz à effet de serre. D'où l'appétit chinois pour le gaz russe. Se trouve ainsi confirmée l'importance croissante, sur notre route maritime, du trafic vers l'est.

Deux questions se posent.

La première est la plus simple : pourquoi la route maritime pour transporter le gaz ? Ne serait-il pas plus simple de l'acheminer par un gazoduc ?

Le gaz naturel, refroidi à une température d'environ – 161 °C, devient liquide (le GNL). Cette opération réduit son volume d'un facteur de près de 600, ce qui facilite son transport par voie maritime. Le transport de gaz naturel, devenu GNL, permet de diversifier les sources d'approvisionnement en gaz sans dépendre des gazoducs terrestres. Il se développe fortement à l'échelle mondiale et achemine plus de 31 % des flux totaux de gaz naturel dans le monde en 2013. De plus, en péninsule de Iamal, ce mode de transport permet de soulager le gazoduc Iamal-Europe déjà saturé.

La seconde question est plus délicate : le projet d'exploitation de Iamal sera-t-il affecté par la crise ukrainienne et les sanctions prises contre la Russie ? Pour l'instant, la réponse est négative : le monde de l'énergie suit des logiques particulières et se projette sur le long terme. Les partenaires ont réaffirmé leur attachement au projet et leur détermination à le mener à bien. Les compensations financières adéquates seront trouvées.

L'exploration de la côte sibérienne est loin d'être achevée. Il y a fort à parier que d'autres découvertes seront un jour ou l'autre annoncées. Et les mêmes difficultés, extrêmes, devront être surmontées pour organiser l'exploitation.

VIII

LE POINT DE VUE DE L'ASSUREUR

Il fallait joindre un assureur. Ces gens-là sont de toutes les aventures, notamment maritimes. Sans les Lloyd's, la compagnie légendaire, jamais les Britanniques n'auraient dominé les mers et jamais Londres ne serait devenue la capitale des commerçants. L'audace et le courage n'empêchent pas la raison. Si l'on veut continuer à grimper après un faux pas, autant s'assurer avec une corde.

Nous nous sommes rendus chez Axa, qui s'est hissé au troisième rang mondial du secteur. En plein cœur de Paris, rue Jules-Lefebvre, sous la verrière (classée), on se serait cru dans un mélange de musées, celui de la Marine et celui de l'Espace. Les maquettes de bateaux concurrencent celles de grosses fusées. À l'évidence, ces gens-là aiment ce qui bouge. Patrick de la Morinerie, le patron de la branche, est arrivé, et nous avons pris notre leçon. Le métier des assureurs n'est pas de prendre des risques, contrairement à ce que les ignorants pensent. Il consiste à les évaluer et, pour employer leur langage, à les mutualiser, c'est-à-dire à les répartir entre tous ceux qui courent les mêmes. Voilà où le bât blesse. Comment apprécier le risque pris par un navire empruntant la nouvelle route ? Beaucoup de glace sur le parcours, peu de ports où se réfugier en cas de difficulté ou de trop forte tempête, et pas de secours à espérer avant des jours et des jours…

Quand vous parlez à un assureur d'un voyage le long de la Sibérie, il lève les bras au ciel et vous annonce que vous ne serez pas « couvert ». Mais l'instant d'après, il complète par une forte réflexion selon laquelle le commerce étant le commerce, on peut toujours trouver un accord. À l'évidence, la prime demandée à l'armateur dépassera les tarifs appliqués pour un parcours « normal ». Mais comment la calculer ?

L'incertitude est difficile à lever. Et d'autant plus que le trafic est encore faible : soixante-dix passages environ en 2013, le même nombre en 2014. Supposez la perte corps et biens d'un (gros) bâtiment. Une trentaine de millions de dollars à rembourser. Quel niveau doit atteindre la prime pour que, multipliée par le nombre de bateaux ayant emprunté la route, elle se rapproche de ce montant ? Et quelle prévision peut-on donner sur la fréquence des sinistres, compte tenu du manque d'expérience et donc de statistiques ? Bref, pour l'instant les assureurs ne s'emballent pas. L'avenir de la route ne leur semble pas encore tout à fait établi. Ils rassemblent des données et facturent plutôt modestement la prise de risque supplémentaire (environ 50 % de surprime, soit 50 000 à 70 000 dollars le passage). Il est intéressant de comparer ce chiffre à ce que facture l'administration de la route maritime du Nord pour qu'un de leurs brise-glaces assiste un cargo dans le franchissement d'une portion englacée. Le montant dépend du tonnage et de la classification « glace » dudit cargo, mais disons qu'il en coûtera *grosso modo* 240 000 dollars à un cargo de classification moyenne et jaugeant 30 000 tonneaux. De plus, l'administration russe demande un préavis de quinze jours avant tout passage.

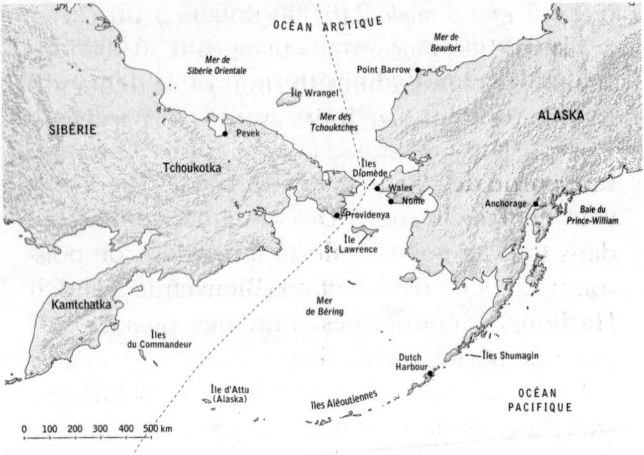
OCÉAN ARCTIQUE
Mer de Sibérie Orientale
Mer de Beaufort
Point Barrow
Île Wrangel
Mer des Tchouktches
ALASKA
SIBÉRIE
Pevek
Tchoukotka
Îles Diomède
Wales
Nome
Anchorage
Baie du Prince-William
Providenya
Île St. Lawrence
Kamtchatka
Mer de Béring
Îles du Commandeur
Îles Shumagin
Dutch Harbour
Île d'Attu (Alaska)
Îles Aléoutiennes
OCÉAN PACIFIQUE
0 100 200 300 400 500 km

IX

MER DE BÉRING : L'AUTRE ELDORADO

C'est presque à tâtons qu'il faut trouver les bouées de l'entrée du port. Le brouillard est dense, visqueux ; il poisse le ciré et monte un mur gris autour du bateau. De temps en temps, une corne de brume vous déchire les oreilles et vous emballe le cœur. Des moteurs vrombissent dans tous les coins. Il flotte une odeur de poisson froid et de désinfectant. Bienvenue à Dutch Harbour, Aléoutiennes, l'un des plus grands ports de pêche américains.

La brume se lève et confirme le diagnostic. Des dizaines de chalutiers, jusqu'à 100 mètres de long et 4 000 chevaux, pissent la rouille le long des quais. Des types au tour de taille imposant, en T-shirt sale, embarquent et débarquent caisses ou filets. C'est l'été, les usines tournent à plein. Par les portes entrouvertes des hangars, toutes les nationalités de la planète se pressent. Un défilé de bottes, blouses, gants en caoutchouc, charlottes ; seuls les visages trahissent la provenance. Personne pour papoter en fumant une cigarette ; ici on travaille dix heures par jour, d'avril à octobre, tant que dure la saison. Il faut faire vite. Les conteneurs attendent, les grues tournent, chargent sans discontinuer les cargos qui répandront conserves et surgelés dans le monde entier. Alors on vient, on bosse, on se tait.

La mer de Béring, à peine plus grande que la mer de Barents, est encore plus favorisée par les divinités marines : 450 espèces de poissons et d'invertébrés, 25 espèces de mammifères marins, 25 millions d'oiseaux. Regardez cette mer, tracez une oblique entre son nord-ouest russe et les premières îles Aléoutiennes au sud-est. Côté sud et ouest, un bassin profond de 3 000 ou 4 000 mètres dont les eaux sombres s'échangent avec le Pacifique. De l'autre, au nord et à l'est, un plateau d'à peine 50 mètres de profondeur couleur vert Véronèse ou ardoise selon le temps. Le long de la rupture du plateau, là est le pactole, l'or bleu, le poisson.

Les tempêtes se chargent de brasser toute la colonne d'eau, redistribuant les nutriments qu'apportent l'Alaska et son immense fleuve Yukon. Le long des Aléoutiennes et au bord du plateau, là où la profonde plaque Pacifique s'enfonce en réguliers tremblements de terre sous la plaque nord-américaine, un courant vertical remonte les eaux profondes riches en sels minéraux. Au nord, la fonte de la banquise fertilise chaque printemps de son plancton. Au sud, les eaux tièdes du golfe d'Alaska s'insinuent entre les Aléoutiennes. Ces brassages et mélanges permettent la production de 800 grammes de carbone par mètre carré et par an, l'une des plus grandes productivités marines au monde.

Cette modeste mer fournit la moitié de leurs débarquements aux Américains qui contrôlent l'essentiel des zones poissonneuses et quasiment autant côté russe, dans le golfe d'Anadyr.

La star, c'est le colin d'Alaska, la deuxième espèce de poisson la plus pêchée au monde et que vous avez forcément dégustée en conserve, en surgelé et dans toute la gamme possible des plats cuisinés. Il représente 50 % de la biomasse des poissons de fond de la mer de Béring. Depuis la fin des années 1980, une pêche excessive a fait chuter de plus de moitié le stock. Les quotas de pêche sont aujourd'hui stabilisés autour de 1,5 million de tonnes pour chacun des acteurs russe et américain.

La deuxième pêcherie, c'est le saumon, ou plutôt ses cinq espèces (Chum, Pink, Sockeye, Coho ou King). Les Américains, toujours prompts à exploiter les ressources de la planète, ne plaisantent pas avec les leurs, surtout quand elles représentent plus de 2 milliards de dollars chaque année et des dizaines de milliers d'emplois. Une pléthore de règles concernant les dates, engins, zones, la taille et la puissance des navires, encadre sévèrement les pratiques. Des écloseries de saumon tournent toute l'année pour relâcher des millions d'alevins. Grâce à cela, en 2012, 50 millions de saumons ont eu le bon goût de se faire recapturer.

Suit, par ordre d'importance, la pêche au crabe, l'une des plus dangereuses au monde. Elle a lieu l'hiver, dans le sud de la mer de Béring, balayée un jour sur deux par des dépressions engendrant des vagues de 6 à 10 mètres, dans la nuit et le froid. Il n'est pas un avion local ou un coin de rue de Dutch Harbour qui ne vante les mérites d'avocats spécialisés dans le recouvrement d'indemnités après un accident. La capture du crabe royal a considérablement diminué, celle du crabe des neiges a été divisée par trois. Dans certains cas, les réglementations arrivent trop tard.

De même pour le flétan, qui reste encore un atout de pêche sportive.

La mer de Béring et le golfe d'Alaska sont aussi de larges pourvoyeurs de soles, limandes, maquereaux, harengs, capelans, calmars, crevettes et toute une variété de coquillages, à commencer par les coquilles Saint-Jacques.

Cette abondance est malgré tout trompeuse. Tout ne va pas si bien au royaume yankee de l'halieutique. De nombreux stocks jouent au yoyo sans que l'on sache vraiment pourquoi. Les méduses se sont mises à proliférer, signe de surpêche et d'une régression de la chaîne trophique. En retour, elles dévorent les œufs et les larves de poissons.

Le labourage par les chalutiers d'une surface finalement réduite provoque aussi des ravages.

Les captures accessoires rejetées, même si elles ont été réduites, se chiffrent encore en dizaines de milliers de tonnes. Les premiers concernés, outre les hommes, sont les espèces en bout de chaîne écologique : les oiseaux et mammifères marins qui voient leurs proies se raréfier.

Les interférences entre les hommes, la mer de Béring et le golfe d'Alaska ne se limitent pas à la pêche. Après la guerre, l'île d'Amchitka, à l'extrémité des Aléoutiennes, a paru suffisamment éloignée de la mère patrie pour que les Américains y installent une base d'essais nucléaires souterrains. Entre 1965 et 1971, trois explosions ont eu lieu, dont la dernière, la plus puissante jamais réalisée par les États-Unis, avait quatre cents fois la puissance de Hiroshima. Le plancher océanique se souleva de 6 mètres. Les études de suivi de la radioactivité conclurent à une dissémination « quasi nulle ». Mais peu de temps après la deuxième explosion, un comité de pacifistes s'organisa dont le slogan, « *make it a green peace* », allait être repris par Bob Hunter, journaliste de Vancouver, pour nom de sa nouvelle association : Greenpeace.

Last but not least, la prospection pétrolière s'intéresse au nord-ouest de l'Alaska, le long de la tombée du plateau continental et en baie de Bristol, si favorable à la pêche, réveillant les terribles souvenirs de la catastrophe écologique du naufrage de l'*Exxon Valdez*. Les organisations de pêcheurs, pour une fois unies à celles de l'environnement, ont obtenu un moratoire jusqu'en 2017.

Enfin, la mer de Béring n'échappe pas au phénomène général du réchauffement. Le recul des glaces saisonnières, surtout dans le nord, affecte jusqu'aux communautés profondes. Beaucoup d'espèces, trop spécialisées, auront du mal à se maintenir ou à lutter contre de plus opportunistes remontant du sud. La répartition et l'abondance de nombreux poissons, oiseaux et mammifères marins commencent à être bouleversées. Le réchauffement qui ouvre le Grand Nord aux différentes exploitations minières, halieutiques ou touristiques, va également augmenter sa fréquentation par des navires en tout genre. Ainsi, la desserte du North Slope, la zone pétrolifère du nord-est de la mer des Tchouktches, est de plus en plus difficile par voie terrestre, sur un pergélisol de moins en moins gelé. Le transfert de cette desserte sur l'océan augmente les risques, comme en témoigne l'échouage en 2013 d'une plateforme de Shell au nord du golfe d'Alaska.

Les États-Unis commencent à envisager de construire des ports-abris et des brise-glaces en vue d'un trafic plus intense, car les routes maritimes du Nord, si elles voient réellement le jour, passeront toutes, pour le meilleur et pour le pire, par la mer de Béring.

Pendant des millénaires, la Béringie a accueilli le vagabondage des hommes d'Asie vers les étendues désertes américaines. Longtemps, les Iñupiat, profitant des glaces hivernales, ont poursuivi un commerce fructueux avec leurs frères sibériens. Au prix de bien des souffrances, cette tradition a perduré par la voie maritime avec l'arrivée des Russes. Puis vint la guerre froide, la glaciation d'origine humaine, quand l'« *ice curtain* » tomba pour quelques décennies au soir de la Seconde Guerre mondiale. Les acteurs russes et américains réorganisèrent chacun leurs filières de pêche, de commerce ou de transport dans un sens nord/sud, suivant les côtes de leur propre pays.

Le réchauffement du climat, plus intense que celui des relations diplomatiques, accélère le mouvement. De frontière, la mer de Béring redevient passage, l'entrée obligatoire des nouvelles voies vers le nord.

X

À TABLE !

Le goût de l'aventure n'exclut pas le goût tout court. Il a été assez dit dans cet ouvrage combien les mers et les terres du détroit de Béring et du golfe d'Alaska recèlent de plantes et plus encore d'animaux qui ont attiré ici des peuples de toutes origines. Certes, la vie y était dure et la chasse imprévisible. Mais quel bonheur de rentrer à la maison avec de quoi mijoter un petit plat ! Ce bonheur a été largement partagé au cours des âges. En témoigne cet excellent livre de cuisine aux éditions Alaska Northwest Books, intitulé avec justesse *Cooking Alaskan by Alaskans.* Cet ouvrage est indispensable à tout amateur de vie sauvage ; son poids dans le sac à dos sera vite oublié devant une table garnie des spécialités suivantes : paupiettes de bison, queue de castor frite, ragoût de lynx, chèvre des montagnes à l'étouffée, chili de rat musqué, porc-épic sucré-salé, fricassée d'écureuil, caribou à la Stroganov, côtelettes de lion de mer et cervelle de phoque au gratin…

Bien évidemment, une partie de ces délices culinaires nous est aujourd'hui interdite, ces espèces étant protégées.

Ne citons donc dans le détail que des préparations conformes au règlement. Ainsi l'ours brun. On choisira un animal de moins de trois ans qui a mangé des baies et des herbes plutôt que du poisson. Le jeune ours peut se cuisiner simplement rôti, farci de gousses d'ail. Mais une meilleure recette est de le rôtir, entouré de patates, servi avec un pudding du Yorkshire et quelques pois et carottes.

L'animal plus âgé peut encore se consommer : faire cuire une demi-heure par livre, puis mariner une nuit dans moitié vinaigre, moitié vin rouge. Conserver la saumure, faire cuire l'ours bien assaisonné de sel, poivre, quatre-épices, ail, thym et marjolaine. Quand la viande est brune, ajouter la saumure et laisser cuire doucement jusqu'à ce qu'elle soit tendre. La recette ne dit pas combien de temps cela peut prendre.

Pour la pâtisserie, vous choisirez plutôt un ours de fin de saison, bien gras avant l'hibernation : sa graisse fera merveille pour vos donuts et autres beignets.

Si des navigations hasardeuses vous conduisent dans le Grand Nord et que vous sympathisez avec des Iñupiat qui gardent des quotas de chasse à la baleine, le snack apéritif qui fait merveille est le muktuk : peau et graisse de baleine prises sur la bête, avec un peu de sel, goût de noix de coco garanti, à déguster vraisemblablement avec un blanc moelleux.

Quant au dessert, le meilleur choix sera le cookie de baleine : mélanger la graisse de baleine au double de sucre, ajouter trois œufs battus et de la vanille. Mettre de la farine pour épaissir. Il ne reste qu'à rouler et couper la pâte dans la forme de votre choix et passer au four 15 minutes.

Enfin, en cas de grosse chaleur, essayez le sorbet esquimau : faire bouillir de l'huile et du gras de renne deux ou trois minutes, laisser refroidir, prendre un bol de neige pas trop poudreuse, ajouter l'huile, battre pour éviter les grumeaux, puis garnir avec les baies du moment. Bon appétit.

CINQUIÈME PARTIE

La vie des bêtes

I

BIODIVERSITÉ : RÉSISTER AU FROID

La vie est têtue, mais dans le Grand Nord il lui a vraiment fallu développer des trésors d'ingéniosité. Peu d'espèces ont su s'adapter au froid, à la longue nuit polaire, aux faibles ressources alimentaires ou aux variations de salinité dues à la prise puis à la fonte de la glace de mer. Pour résister à ces conditions extrêmes, les espèces se sont spécialisées au cours des millénaires, développant des stratégies ingénieuses. Même si l'on ignore encore un à deux tiers des espèces arctiques, 7 600 ont été répertoriées, une misère par rapport à la foule qu'offrent les mers tempérées ou chaudes. Saluons donc celles qui nous sont connues, les 4 500 invertébrés, 2 300 algues, 227 poissons et 38 mammifères marins qui ont tiré leur épingle du grand jeu de la vie polaire, et souhaitons bonne continuation aux autres en attendant que nous les découvrions.

Notons au passage que les espèces « intéressantes » pour l'homme sont ultraminoritaires :

les poissons représentent 3 % des espèces et les mammifères marins 0,5 %. Elles se situent vers la fin de la chaîne alimentaire, là où la complexité nécessaire à la vie est forte.

La faible diversité des écosystèmes froids n'est pas sans conséquences. C'est un net désavantage. Dépendre de si peu de sources d'approvisionnement, tous les stratèges vous le confirmeront, fragilise et diminue la résilience d'un groupe en cas d'agression. Si certaines espèces se font rares, c'est la famine assurée pour tous leurs prédateurs trop spécialisés.

Dans le froid, la vie est lente. L'activité des enzymes, base de la biochimie, est directement liée à la température. Les organismes vivants ont le choix entre deux stratégies : devenir *homéothermes* et minimiser leurs échanges avec l'extérieur grâce à des formes aussi rondes que possible et un enrobage de graisse ; ou se faire *poïkilothermes* (température interne égale à celle du milieu extérieur) et savoir migrer ou patienter.

Certains copépodes (animaux planctoniques) atteindront leur maturité sexuelle en quinze jours dans les mers chaudes, et en… deux ans dans l'Arctique !

Cette lenteur est la seconde et immense fragilité des communautés vivantes de l'Arctique. Grandir lentement, surtout pour les animaux supérieurs, vous expose à ne jamais atteindre l'âge adulte. La reproduction devient aléatoire. C'est l'une des raisons de la moins bonne récupération des populations lorsqu'elles ont décliné à cause de la pêche ou de la pollution.

Le réchauffement climatique, qui est dans le Grand Nord environ trois fois plus intense qu'ailleurs sur la planète, n'a pas comme seule conséquence de bouleverser les conditions de vie et les relations proies/prédateurs. Il ouvre les hautes latitudes à l'invasion des espèces plus opportunistes. Elles entrent en concurrence avec les espèces autochtones. Et en mer, ça galope ! Les espèces y changent de domicile dix fois plus vite qu'à terre, parcourant en moyenne 72 kilomètres par décennie avec comme champion incontesté le plancton : 470 kilomètres par décennie ! Voilà qui vous change la physionomie du vivant.

En mer, tout commence par le plancton. Sous cet angle, les eaux arctiques ne sont pas toutes logées à la même enseigne. Le centre du bassin polaire est pauvre et ne fait guère mieux, en ce qui concerne la production primaire du phytoplancton, que la Méditerranée. Ce qui n'est pas un compliment. Par contre, les mers bordières, de la mer de Barents à celle des Tchouktches, recevant les apports minéraux des grands fleuves côtiers russes ou les courants en provenance de l'Atlantique ou du Pacifique, sont des championnes. Leur fertilité phytoplanctonique est cinq fois supérieure à celle du bassin central, soit une des plus fortes du monde. D'elle dépend, dans ce Grand Nord, la longue chaîne qui conduit aux poissons et aux mammifères… dont l'homme.

Plus qu'ailleurs, bien sûr, c'est la saison qui commande à la vie.

Automne : la lumière jaunit et se meurt, la nuit s'étire, le froid s'invite. À partir de – 1,8 °C, des millions de cristaux paillettent la mer, l'épaississant comme une mélasse. Encore un peu à ce régime et des plaques apparaissent. Leur forme de galette — elles sont arrondies par les frottements entre elles — les a fait surnommer « *pancakes* », bien qu'elles n'aient que peu à voir avec les célèbres petits-déjeuners nord-américains. Qu'un calme anticyclone fasse dégringoler le thermomètre, et tout se fige brutalement. Que survienne une bonne tempête, et tout craque et s'entremêle à nouveau.

Le combat est inégal et le froid a forcément le dernier mot. Un jour, la banquise est là, comme un grand couvercle blanc, qui va lentement épaissir par sa base en un fouillis de lamelles et de grumeaux. La glace, par une étrange xénophobie, rejette le sel. Celui-ci percole alors, s'infiltre, s'insinue entre les cristaux, formant des poches, creusant des labyrinthes. Lentement, ces eaux froides, sursalées donc plus lourdes, vont se rejoindre, gagner les grandes profondeurs, s'étaler au fond des mers et engager la machinerie des courants transocéaniques.

Plus la glace est âgée, moins elle est salée, suivant le bon adage anglo-saxon : la première année, l'eau récupérée sur la banquise sert à la vaisselle, la deuxième à boire et la troisième à faire le thé.

Tant qu'il y aura suffisamment de lumière, le phytoplancton va persévérer, adhérant aux lamelles de glace, aux moindres porosités, piochant au passage dans les sels minéraux rejetés par la cristallisation. Il trouve refuge dans ce dédale d'alvéoles et de replis, et le zooplancton avec lui. La vie continue.

Puis vient la nuit. La photosynthèse s'arrête, mais on batifole encore sous la banquise. La couverture de glace protège des grands froids, le zooplancton s'y agite ; on suce, on croque le moindre débris. Les poissons y viennent en maraude, et avec eux les phoques et les baleines. Tiens, vous ne vous êtes jamais demandé pourquoi les bélougas, narvals et baleines boréales n'avaient pas de nageoire dorsale ? Pour ne pas la coincer dans la glace, ce qui doit être très désagréable !

Mais voilà le dieu Soleil qui repointe son nez. Sans attendre, le phytoplancton va exploiter à nouveau l'immense réseau protecteur des tubulures de la banquise pour renaître. À mesure que la glace fond, elle libère des nutriments, l'eau douce forme une strate superficielle, le soleil est là, la vie explose à tous les étages. En surface, la chaîne fonctionne à plein régime : phytoplancton/zooplancton/poissons/oiseaux/mammifères marins/hommes. En profondeur, une partie du plancton coule et alimente les communautés benthiques. Tout le monde se gave, se reproduit, vite, vite, il n'y a que quelques mois, entre juin et octobre, pour assurer la survie de l'espèce.

La séquence est tellement courte que la moindre modification affecte toute la chaîne. Un retrait précoce de la glace ? Les copépodes plus petits mais moins gras sont favorisés, les poissons herbivores sont moins gros, les poissons carnivores crient famine, leur mortalité augmente, et le compte en banque des pêcheurs s'en ressent. Un savant économiste a même calculé qu'entre la fonte précoce ou tardive de la banquise, 1 milliard de dollars était en jeu. À quand un index de fonte au Nasdaq ?

Résumons la situation : l'océan Arctique accueille peu d'espèces, très adaptées aux conditions, mais à croissance lente et dépendant du régime des glaces. Un petit nombre d'espèces signifie des chaînes trophiques peu diversifiées. « Un seul être vous manque et tout est dépeuplé », la phrase du poète pourrait avoir été écrite pour ces fragiles écosystèmes.

Aux deux extrémités de notre balade nordique, la mer de Barents, celle de Béring et celle des Tchouktches sont extraordinairement productives, en particulier grâce aux apports d'eaux de l'Atlantique et du Pacifique. La chaîne du vivant y est particulièrement efficace. Malgré cela, la menace d'un réchauffement climatique plane de manière de plus en plus forte. Pour cette seule raison, dans quelques dizaines d'années, les communautés biologiques de l'Arctique seront sans doute bien différentes de celles que nous connaissons actuellement. Les pollutions diverses et une intense exploitation des mers et des côtes du Grand Nord fragiliseront encore les milieux vivants.

C'est un enjeu primordial pour les écosystèmes, pour les peuples autochtones et, via la pêche, pour chacun d'entre nous.

II

OURS, LE SEIGNEUR DE LA GLACE

Dans l'Arctique, il règne un maître : l'ours blanc.

L'ours blanc devrait finir schizophrène. Partout, on célèbre sa force et sa puissance, on le craint, il témoigne de la virilité de ceux qui le combattent. Vladimir Poutine et Sarah Palin s'enorgueillissent de le chasser. Il est l'animal totem de nombreuses tribus, et celui de la Russie elle-même. Parallèlement, il est mâchouillé, tétouillé et embrassé par des millions d'enfants, et sa douceur berce leurs rêves.

L'ours blanc est un champion d'efficacité énergétique. Caréné bien rond, pas grand-chose qui dépasse, courtes oreilles et courte queue, un minimum de surface en contact avec l'extérieur. Lorsqu'il respire, son système d'échange de températures ferait pâlir d'envie une maison bioclimatique. Dix centimètres de fourrure et une bonne couche de graisse forment un isolant remarquable, mais son arme secrète, c'est sa peau noire. Oui, l'ours blanc a la peau noire !

Son poil translucide ne paraît blanc jaunâtre que par reflets de la lumière. Chaque poil se conduit comme une fibre optique qui véhicule l'énergie vers la peau sombre qui l'absorbe. L'ours blanc est une sorte de Bounty inversé, qui plus est de 500 kilos. Moralité, dès qu'il fait 10 °C, il crève de chaud, se vautre sur la glace ou se baigne pour se rafraîchir. L'ours blanc ne gagnerait pas de grand prix de Formule 1, ni de marathon. Pourtant, le dessous de ses pattes inspire les fabricants de pneus, car c'est un redoutable antidérapant. Il peut piquer un sprint à 30 ou 40 kilomètres/heure, mais très vite l'arrêt cardiaque le guette. Malgré tout, ces quelques minutes suffiront à rattraper un homme à pied. En cas d'attaque, le courage n'est donc pas dans la fuite. Et si le combat rapproché vous tente, sachez que les ours sont gauchers.

L'ours blanc ne gagnerait pas non plus un championnat de plongée. Certes, il adore se baigner, son long cou lui maintient la tête hors de l'eau, ses pattes avant palment vigoureusement pendant que ses pattes arrière servent de gouvernail. Mais il ne plonge pas profond, guère plus de 5 mètres, et pas plus de deux minutes. Avis aux plongeurs qui veulent lui échapper : mieux vaut disparaître dans les profondeurs que regagner l'annexe qu'il croquera volontiers en la prenant pour un phoque.

L'ours blanc n'est pas un consommateur très avisé. Son obsession est de grossir, comme la nôtre de maigrir, jusqu'à doubler de poids pendant les quatre ou cinq mois d'été. À choisir, il préfère le phoque et surtout sa graisse, laissant la viande moins énergétique aux renards et aux oiseaux. Mais les temps sont durs, le retrait précoce de la banquise au bord de laquelle il aime chasser l'oblige à se satisfaire d'œufs, de charognes, de mousse, ou des poubelles de nos villes. Plus rarement d'humains vivants qui se laissent de plus en plus difficilement prendre. D'ailleurs, ce n'est pas avec ce régime que l'on peut absorber les 300 kilos nécessaires !

L'ours blanc n'a que peu de connaissances en matière de contamination chimique : il ne sait pas que nos perturbateurs endocriniens (POP et PCP), métaux lourds (300 tonnes de mercure par an larguées aux pôles) se diffusent en spray dans l'atmosphère et finissent dans le Grand Nord, portés par les courants d'altitude. Ils y sont repris par le plancton, ingérés par les poissons puis les phoques, et sont d'autant plus dangereux qu'ils s'accumulent dans la graisse. Tout cela lui vaut des soucis de fertilité et même parfois d'hermaphrodisme qui n'arrangent pas son taux de reproduction.

L'ours blanc ne siège pas dans les tribunaux internationaux. Il aurait pu y faire valoir que le massacre de 100 000 de ses congénères s'apparente à un génocide. Il a donc dû attendre 1973, quand il n'en resta plus que 8 000, pour que l'on s'inquiète de sa raréfaction et que l'on commence à le protéger. Il est classé « vulnérable » par l'UICN (Union internationale pour la conservation de la nature), mais environ 200 individus sont toujours chassés par les Inuit, sur une population revenue à 25 000. Il a également du mal à faire reconnaître que le réchauffement climatique est son pire ennemi. Moins de banquise, c'est moins de terrains de chasse et plus de distances à franchir pour se nourrir. Son bilan énergétique ne s'améliore pas. D'ailleurs, sa masse moyenne serait de 50 % inférieure à celle des années 1970. S'il manifestait davantage en faveur de la transition énergétique, il aurait plus de chance de survivre au cours du siècle.

L'ours blanc est victime de son succès. Quand il s'appelait Nanuq, qu'on le célébrait, le chantait, l'intégrait aux pratiques chamaniques, il était déjà chassé mais en un combat équitable : ours contre lance, ours contre kayak, et au moins lui rendait-on longuement hommage. Maintenant quc sa dépouille sert vulgairement de carpette aux ébats de coin du feu, que ses griffes se montent en boucles d'oreilles et que sa chair est censée réconforter les messieurs défaillants, il n'est qu'un objet de braconnage. La tentation est forte. Un trophée se vend aujourd'hui entre 5 000 et 20 000 dollars, et l'ours ne touche rien là-dessus. Il devrait changer d'agent.

On pourrait continuer à l'envi pour prouver que l'ours est remarquablement bien adapté à l'environnement dans lequel il évolue depuis des millénaires : le très grand froid, la nourriture rare et saisonnière, son double domaine d'eau et de glace. Ses forces d'hier sont ses faiblesses d'aujourd'hui, à l'heure où sont bouleversés tous les paramètres de vie de cet animal complexe. Pour lui, comme pour les autres formes vivantes du Grand Nord, aucune échappatoire vers des terres ou des mers plus froides et moins polluées, et les changements vont vite, trop vite pour que l'adaptation fasse son œuvre. Quelles chances a-t-il de s'en tirer ? Certains assurent que le réchauffement apportera plus de plancton, donc, au final, plus de nourriture. Mais à long terme, c'est bien la disparition de son habitat qui signera sa perte. Des hommes aussi combattent pour le défendre. Ils ont créé des réserves, la terre François-Joseph et l'île Wrangel, où les femelles aiment mettre bas. Les populations y vivent bien.

Dans les légendes inuit, hommes et ours échangeaient leur identité. Un ours qui se dépouillait de sa peau devenait humain, un humain qui la revêtait devenait ours. Les deux grands prédateurs étaient unis dans une communauté de destin et de respect. La fin envisagée de l'ours est-elle prémonitoire ?

III

LA SAGA DES BALEINES

« *Blow ooh !* », « Elle souffle ! » Combien de milliers, de dizaines de milliers, de centaines de milliers de fois a retenti le célèbre cri ?

La baleine aime prendre le frais et surtout elle adore le plancton que le Grand Nord lui offre à partir du printemps, en particulier dans les deux mers encadrant la Russie : la mer de Barents et celle de Béring. Mais 10 à 15 tonnes de viande et de bonne graisse ne pouvaient passer inaperçues aux yeux des hommes. Pendant des siècles, les peuples inuit, iñupiat ou sami les ont traquées. Baleine d'un côté, kayak et harpon de l'autre, le combat était équitable, en tout cas du point de vue des mammifères marins. Souvent, les hommes se contentaient de pousser dans les baies des animaux affaiblis ; la prédation humaine restait faible.

Trois éléments vont inverser la tendance. Les Basques, dès le Moyen Âge, s'avisent que certaines espèces sont lentes, peu agressives et surtout flottent après leur mort, ce qui permet leur remorquage à terre pour le dépeçage. Ensuite, le développement des techniques au fil des siècles va rendre les baleines intéressantes pour les hommes pour bien d'autres choses que la seule viande. Éclairage, assouplissant des cuirs, préparation des laines, brai des coques de navires, savons, broyage des couleurs, lubrifiants, cordages, ceintures, plumets, corsets, parasols, éventails, parties de charpentes ou de clôtures, fards, préparations pharmaceutiques, et même huile de friture (sans garantie sur le goût), c'est fou ce que l'on peut faire avec une baleine. Dernier élément, leur abondance détectée à partir des explorations au Spitzberg à la fin du XVIe siècle et dans le Nord Pacifique au XVIIIe. La curée va donc s'organiser, artisanale, puis de plus en plus industrielle, quand on va être capable de traiter les animaux à bord, inventer le harpon explosif puis augmenter la taille des navires.

Petite revue de détail des espèces du Grand Nord.

La baleine des Basques est dite « franche », pour sa bonne volonté à être capturée. Après avoir payé un tribut de 100 000 individus, elle est arrivée au bord de l'extinction et elle est protégée à partir de 1935. C'est une grosse bête de 16 mètres de long, jusqu'à 60 tonnes de viande et de lard ; son absence d'aileron dorsal lui permet de marauder sous la glace à la recherche de plancton. L'espèce survit aujourd'hui difficilement avec une population de 300 individus côté Atlantique et autant côté Pacifique. Après les ravages dus à la pêche, ses longues migrations près des côtes entre la Norvège et le golfe de Gascogne, ou entre le détroit de Béring et la Californie, l'exposent aux collisions avec les navires et à la pollution. Plus encore que le bruit, les basses fréquences émises par les moteurs et la prospection pétrolière la dérangent. Une curieuse étude a montré que le jour du 11 septembre 2001, l'arrêt de la navigation avait considérablement fait baisser le taux d'hormones de stress chez les baleines des côtes américaines. Les djihadistes n'avaient sûrement pas anticipé cet effet collatéral de leur action, qui ne peut toutefois être érigé en principe de protection ! Une faible croissance des populations, 1 à 2 % par an, classe la baleine franche pour longtemps dans la catégorie « en danger ».

Sa cousine, la baleine du Groenland, bien que protégée depuis 1931, n'est pas mieux lotie dans l'Atlantique, avec 700 représentantes, mais elle se porte mieux dans les mers des Tchouktches et de Béring avec 10 000 individus. Longtemps rarissime au Spitzberg, elle y a été reconnue un peu plus souvent depuis 2005, sans que l'on sache si c'est seulement l'effet d'une fréquentation accrue des navires sismiques qui permettent de la croiser. Animal typique du Très Grand Nord, elle est inféodée à la banquise où elle trouve nourriture et refuge contre les orques. Cette baleine est capable de casser jusqu'à 60 centimètres de glace pour venir respirer. Son énorme tête — plus d'un tiers du corps — accueille pour son malheur un nombre record de fanons qui alimentèrent les corsets de nos arrière-grands-mères. On lui prête deux cents ans de vie : cela l'aidera-t-elle à sortir un jour du statut d'espèce en « danger » ?

Plus menue, 25 tonnes seulement, la baleine grise, typique du Pacifique Nord, a été tout aussi convoitée. De 3 000 individus seulement dans les années 1930 quand fut décrétée sa protection, elle affiche aujourd'hui des effectifs autour de 20 000, migrant de la Californie au détroit de Béring. Son comportement alimentaire très opportuniste, comprenant non seulement du plancton, mais aussi des poissons, des crustacés, des calmars et même des algues, l'a peut-être aidée à se refaire une santé. Elle fait l'objet de braconnage dans le Grand Nord russe. La population de la mer d'Okhotsk, en Russie, est considérée comme quasi éteinte avec moins de 100 représentantes.

Le seul à ne faire l'objet que de « préoccupation mineure » au regard de l'UICN est le rorqual de Mink. Beaucoup moins inféodé au Grand Nord, on retrouve ce petit mammifère marin de 5 à 8 tonnes dans nombre de mers du globe. Ce statut censé être un signe positif lui vaut d'être encore chassé par les Norvégiens à raison de 600 individus par an. Les pêcheurs norvégiens se plaignent de l'éloignement des lieux de chasse et des coûts associés, ainsi que de la difficulté du traitement à terre de la viande et du peu d'appétence de leurs concitoyens pour ce mets considéré historiquement comme celui du pauvre. C'est au point qu'ils ne vont jamais au bout du quota de 1 000 qu'ils se votent chaque année. Pourquoi alors ne pas arrêter complètement ?

C'est donc une histoire de mort qui a lié les hommes aux baleines, depuis 5 000 ans avant Jésus-Christ prétendent même les anthropologues. D'un côté, des espèces au bord de l'extinction ; de l'autre, les dangers de la chasse, les conditions effroyables à bord des navires, la violence des équipages qui feront des milliers de victimes anonymes.

Mais à quoi servent aujourd'hui les baleines ? À écrire une suite à *Moby Dick* ? À organiser de juteuses parties de *whale watching* ? À alimenter les rêves des humains face aux plus gros animaux vivant sur la planète ? À permettre aux populations autochtones du Grand Nord de conserver leurs traditions, même dans un cadre très contrôlé ? À sonner l'alerte quant à l'équilibre de la faune marine ? Les baleines font tout simplement partie de l'écosystème marin, en bout de chaîne alimentaire. Elles y jouent un rôle de régulation des populations dont elles se nourrissent et servent de proies à leur tour aux orques.

Connaissez-vous le rapport entre la diminution du nombre de mammifères marins et la décimation de la forêt de varech d'Alaska, zone de ponte et de nourrissage de nombreux poissons ? Face à la raréfaction des baleines, les orques doivent s'attaquer à d'autres proies (phoques, lions de mer, loutres) qu'ils déciment, provoquant l'explosion des populations d'oursins qui eux-mêmes se nourrissent d'algues… C.Q.F.D.…

Les cadavres de baleines alimentent aussi de véritables foisonnements de vie dans les grands fonds : bactéries, vers, crustacés, poissons. Bref, elles font partie du subtil équilibre des océans, depuis qu'il y a 20 millions d'années une petite antilope terrestre s'est avisée qu'elle était plus en sécurité en mer et s'y est fort bien adaptée.

À quelques exceptions près (Norvège, Japon, Islande), le moratoire concernant la chasse à la baleine est respecté. La prédation officielle par les Inuit et le braconnage russe sont limités. Les baleines pourraient-elles reprendre espoir ? Pas si sûr. Des groupes limités en nombre restent fragiles et les menaces modernes sont nombreuses. La diminution des glaces polaires entraînera une augmentation de la fréquentation arctique par des navires susceptibles d'engendrer des collisions et d'émettre toutes sortes de bruits qui dérangent les animaux, les empêchent de se nourrir correctement, de communiquer entre eux ou avec leurs petits. Les essais sismiques ou les sonars basses fréquences des pêcheurs et des militaires sont particulièrement dévastateurs. L'animal, affolé, peut sonder brutalement, engendrant des dommages irréversibles à son système d'oreille interne qui lui permet de gérer la pression. Les animaux emmêlés dans les filets ne sont pas rares, au grand dam des pêcheurs et plus encore des baleines. Les pollutions maintenant disséminées au niveau planétaire se concentrent dans ces dévoreurs de plancton dont la graisse stocke métaux lourds ou perturbateurs endocriniens. Mais le plus grand danger reste le réchauffement climatique. Quelques degrés supplémentaires auront des conséquences incalculables sur l'acidification des mers, le plancton et toute la chaîne alimentaire. Moins de banquise, c'est moins de refuges contre les orques. Quand le monde devient hostile et la nourriture rare, seules les espèces opportunistes s'en sortent. Nos amies les baleines n'en font pas partie. Leur sanctuaire du Grand Nord est un fragile abri.

IV

MORSE :
DE L'ART D'ÊTRE LAID

Dieu, affairé à la création de la vie, ne pouvait que ressentir, certains jours, un peu de fatigue. Qui ne l'excuserait ? À moins qu'après avoir distribué ses plus jolies inventions, ailes diaphanes, fourrure souple et couleurs vives, il ne soit resté dans sa besace que des rebuts dont il fallait bien faire quelque chose. Est-ce ainsi que naquirent les morses ? Des sacs de graisse de 3 mètres de long, une peau brun-roux rêche, épaisse et comme pustuleuse, une tête au groin massif, de petits yeux et surtout ces deux ridicules et gigantesques dents qui leur confèrent un aspect préhistorique autant que peu esthétique. Quant à leurs vibrisses, si utiles pour détecter les proies dans les sédiments, on jurerait qu'on leur a collé un balai-brosse sur le museau. Voyez-les affalés les uns sur les autres, grognant, beuglant, sifflant, se traînant maladroitement ; il faut tout l'art des dessins animés pour rendre les morses sympathiques.

Dans un monde sans hommes, les morses

avaient peu de soucis. Leurs seuls prédateurs étaient les ours blancs et les orques, et encore le combat était-il serré. Mais contre le genre humain, ils se révélèrent bien dépourvus : 2 tonnes de bonne viande, dont 500 kilos de graisse idéale pour cuire, chauffer ou éclairer, une peau assez solide pour servir de toile de tente et de revêtement de kayak, des os comme matière première pour les outils, l'ivoire fin des dents et des défenses pour sculpter bijoux et totems, et même un os pénien de 60 centimètres (performance pour un mammifère) que l'on taillera pour en faire une gaine de couteau… Dans le morse, tout est bon. Pour survivre au prédateur humain, il eût fallu se cacher au fin fond des abîmes. Au lieu de cela, les morses s'étalent par centaines, par milliers, sur les plages et les plaques de glace, s'offrant nonchalamment aux pointes des lances et aux gueules des fusils.

Chassée depuis l'époque du Dorset, dix siècles avant Jésus-Christ, la sous-population d'Atlantique subit réellement l'assaut à partir de l'ère viking. Aux XVIe et XVIIe siècles, plusieurs milliers d'animaux tombèrent chaque année sous les coups. Les populations se raréfièrent rapidement. Dans les années 1930, on considérait ce groupe comme quasi éteint. Côté Alaska, la sous-population du Pacifique connut un peu de répit. La vente du territoire aux États-Unis déchaîna la chasse assez tard pour qu'à l'entrée en vigueur de la protection, les populations soient restées importantes. Aujourd'hui, bien que la brave bête ne soit que peu étudiée, on considère qu'il en existe environ 200 000 côté mer de Béring, 20 000 côté mer de Barents, plus un groupe résiduel de 5 000 à 10 000 en mer des Laptev. Seuls les Tchouktches et les Inuit ont droit à en prélever quelques milliers. Les populations du Svalbard semblent montrer des signes d'expansion, pour la plus grande joie des touristes.

Même en l'absence d'autre stress, le faible taux de reproduction — un petit tous les deux ans —, rend le morse fragile au regard de l'évolution. Cet animal est un feignant. Il passe son temps vautré sur les plaques de banquise, se laissant dériver au gré des courants. Quand la faim le tenaille, il consent à plonger pour chercher des coquillages enfouis ou des crevettes, ne dédaignant pas les petits poissons et même les charognes. 50 kilos est sa ration journalière. De temps à autre, les mâles doivent se résigner à combattre pour s'approprier un harem. Les femelles allaiteront leur rejeton, lequel passe de 50 à 200 kilos en un an. La migration est leur seconde grande affaire. Mauvais nageurs, ils utilisent les plaques de glace comme véhicules, montant au nord vers le Svalbard et la terre François-Joseph, côté Atlantique, ou la mer des Tchouktches, côté Pacifique, et redescendant vers la Nouvelle-Zemble ou la mer de Béring l'hiver. Les morses sont donc très concernés par la disparition de la glace d'été en Arctique. Elle leur est indispensable pour la mise bas et l'éducation des jeunes comme pour la locomotion et le repos. Si celle-ci ne devait subsister qu'en Arctique central, au-dessus des grandes profondeurs, la nourriture leur deviendrait hors de portée.

Habitués au calme des espaces glacés, les morses sont également très sensibles aux bruits — passages de navires, d'avions ou d'hélicoptères —, qui déclenchent des paniques dans les colonies avec un taux de mortalité élevé chez les jeunes, écrasés par les parents affolés. Autant dire que l'exploitation minière, touristique ou commerciale du Grand Nord ne leur dit rien de bon. Mais il n'est pas sûr qu'on leur demande leur avis.

Pourtant, c'est un animal essentiel à l'écosystème. Il régule la densité de coquillages sur le fond et, en remettant le sédiment en suspension à grands coups de défenses et de museau, il permet la nutrition de quantité d'espèces dans la colonne d'eau.

La vitesse du réchauffement climatique, les bouleversements globaux de la faune arctique risquent pourtant bien d'affamer et de déboussoler nos sympathiques affreux.

SIXIÈME PARTIE

Vaincre la glace, subir le réchauffement

I

BRISER LA GLACE

C'est vrai qu'il a fière allure, l'amiral Stepan Ossipovitch Makarov. Sa grosse barbe s'étale en deux longues coulées sur son uniforme constellé de décorations et sa moustache fringante lui donne cet air martial caractéristique de la fin du XIXe siècle. Ses talents de chef de guerre doublés de ceux d'un océanographe ne suffisent pas à expliqucr la multitude de monuments à sa gloire de Kronstadt à Vladivostok, le nombre de bateaux et même une ville portant son nom. Notre amiral a laissé sa trace dans l'histoire en inventant deux nouvelles fonctions pour les navires : lancer des torpilles et briser la glace. L'une et l'autre firent florès.

Sous ses ordres, le *Yermak* fut construit en 1899 — le premier brise-glace russe d'une longue série indispensable à ce pays dont les trois quarts des côtes sont englacés. Prenez un navire puissant et lourd, à l'étrave convexe renforcée, lancez-le en avant toute. Il monte sur la glace et en casse quelques mètres. Principe de l'assommoir. Différents dispositifs comme des ballasts ou des jets d'eau le long de la flottaison permettent de se désenclaver en cas de besoin. Grâce aux brise-glaces et à eux seuls, les villes sibériennes pouvaient être ravitaillées, le minerai transporté, les routes commerciales assurées au moins à la belle saison. L'énergie nucléaire assure au *Lénine*, lancé en 1959, puissance et autonomie. Désarmé après trente ans de bons et loyaux services et transformé en musée, il a ouvert la voie, à partir de 1972, à toute une série de bateaux qui restent les plus gros au monde. D'autres suivirent. Prévus pour être éventuellement militarisés, ils ont assuré au régime soviétique la maîtrise du Grand Nord.

Voyez ces monstres de 150 mètres de long, 138 hommes d'équipage. Voyez-les trembler de tous leurs boulons, de tous leurs os, pour ouvrir de sombres fractures dans le grand blanc. Voyez le *Iamal* sur la proue duquel on a peint une gigantesque rangée de dents, et vous serez persuadé qu'ainsi armée, la Russie va croquer la banquise et le monde entier.

Hélas, la carrière de ces flambants navires a subi la déconfiture économique qui a suivi l'éclatement du pays après 1993. Ils furent en partie rétrogradés au rang de transport de scientifiques, pire, de touristes et, comble de la honte, à la fourniture d'énergie pour Mourmansk, comme de vulgaires centrales électriques. Mais les voilà sauvés par le réchauffement climatique. Les trois rescapés de la flotte nucléaire (le *Iamal*, le *50 ans de la victoire* et l'*Union soviétique*, auxquels il faut ajouter les deux brise-glaces atomiques de rivière, le *Taymir* et le *Vaigatch*) ont du pain sur la planche pour assurer le transit des cargos qui commencent à pointer leur nez dans le passage. L'*Union soviétique* est spécialement dédiée à la mer de Kara, à Doudinka, le port fluvial de Norilsk et à la future desserte de Sabetta, la ville portuaire en construction dans la péninsule de Iamal.

Ce double enjeu — la maîtrise du passage du Nord-Est et l'exploitation à venir des sites gaziers et pétroliers —, a incité Vladimir Poutine à sortir son carnet de chèques. D'ici à 2020, trois nouveaux venus, toujours nucléaires, vont battre tous les records : 173 mètres de long, 60 mégawatts de puissance, ils pourront briser jusqu'à 3 mètres de glace. Leur tirant d'eau variable leur permettra l'approche de Doudinka. Les hélices sont remplacées par des pods orientables. Leur vitesse en eau libre peut atteindre 18 nœuds. Pour chacun, il faut débourser 450 millions d'euros. Ils seront assistés d'une série de brise-glaces à propulsion diesel de différentes tailles, et d'autres spécialisés dans le secours. Bref, une cure de jouvence totale pour la flotte. Enfin le *Baltika*, plus modeste en taille (76 mètres), dû au coup de crayon d'Aker, nos vieilles connaissances norvégiennes, est un étrange objet qui vient d'être mis à l'eau. Imaginez un navire asymétrique, son flanc bâbord vertical comme il se doit, mais son flanc tribord incliné. Les pods pouvant se positionner à 30 degrés, le bateau avance en crabe et ouvre un chenal de 50 mètres de large là où il fallait deux brise-glaces conventionnels pour faire le même travail.

Enfin, dans les cartons à dessins, il y a le *LK 110*, encore plus gros, encore plus puissant. La Russie a bien l'intention de rester la maîtresse technologique de l'Arctique. Tout ceci est fort bien mais coûte cher, très cher, autant en investissement qu'en utilisation. Devant la perspective d'un va-et-vient incessant à destination de l'Ob et de la péninsule de Iamal, il a paru bon de se passer éventuellement des brise-glaces, au moins les mois les plus cléments ou dans la glace peu épaisse.

Depuis 1995, il existe donc des navires « *double acting* », capables d'évoluer en marche avant à 18 nœuds mais aussi en marche arrière jusqu'à 2 nœuds dans 1 mètre de glace. Depuis 2002, la formule s'applique aux tankers et transporteurs de gaz liquéfié. Les compagnies pétrolières et minières russes en ont déjà acquis un certain nombre pour desservir leurs plateformes en mer de Péchora ou pour assurer l'enlèvement du nickel. La société française Gaztransport et Technigaz vient de se lancer à l'assaut de ce marché en commandant neuf méthaniers brise-glaces destinés au parcours Iamal/Asie du Sud-Est.

Comme nous l'ont dit nos amis d'Aker, la logistique n'est là que pour résoudre des problèmes. Plus le problème est complexe, plus le logisticien jubile. La glace est donc un parfait objet de jubilation.

II

DU DANGER DES BOUILLOIRES

L'information a commencé comme une mauvaise rumeur au tournant du millénaire quand les scientifiques se sont penchés sur les relations entre l'océan Arctique et le climat. Puis des publications scientifiques s'en sont mêlées, et la rumeur est devenue une évidence : l'océan Arctique crache du méthane. On sait depuis longtemps que les marges continentales sous-marines, particulièrement dans les mers froides, recèlent de ces sortes de cailloux blanchâtres, piégés dans les sédiments, qui ne sont rien d'autre que des hydrates de méthane, joliment appelés clathrates de gaz. Ce sont en fait des formations de méthane solide, dues à la très lente décomposition, à l'abri de l'air, de la matière organique. À cause de la forte pression et de la faible température de ces fonds marins, ces clathrates demeuraient solides, si le dérèglement climatique ne commençait à s'en mêler. L'Arctique est l'océan qui s'est le plus réchauffé (2 à 3 °C supplémentaires en surface depuis cinquante ans). Cette eau plus chaude favorise la fonte de la banquise, et par un effet pervers, accélère le réchauffement. Tout le monde en a fait l'expérience : un vêtement sombre absorbe la chaleur, un plus clair la renvoie. C'est l'effet albédo. Délestée de sa blanche couverture, la mer sombre s'échauffe, absorbe les rayons du soleil et fait fondre la glace autour d'elle. Le cercle vicieux est amorcé. La chaleur, par de complexes échanges, atteint aussi les profondeurs, et nos fameux cailloux, qui auront alors une forte tendance à s'évanouir sous forme gazeuse, viendront comme de mauvais génies hanter l'eau, puis l'air. Et d'autant plus facilement que la pellicule de banquise est de faible épaisseur, fissurée, craquelée ou, pire, absente, et laisse alors passer les émanations.

La belle affaire, me direz-vous ! Hélas, le méthane a un pouvoir en termes d'effet de serre vingt-trois fois supérieur à celui du CO_2, que l'on présente déjà comme notre pire ennemi. Comment nommer ce phénomène qui semble aller en s'amplifiant ? Est-ce une bombe climatique qui s'amorce dans le silence du Grand Nord ?

Le phénomène est particulièrement sensible dans les mers des Laptev, de Sibérie Orientale et des Tchouktches. Les faibles profondeurs rendent les sédiments plus sensibles à ce qui se passe en surface, les échanges de température plus faciles. Les scientifiques dépêchés sur place sont revenus avec des rides au front. Les sols gelés sous-marins sont en train de se miter comme une vieille chaussette, laissant suinter le méthane. Le gaz est partout, saturant les eaux, formant sous la banquise des bulles prêtes à s'envoler à la moindre fissure. En mer des Laptev, de véritables fontaines de plusieurs centaines de mètres de diamètre crachent le méthane. On voit bouillir la mer comme dans de gigantesques chaudrons. 80 % des eaux de surface et 50 % des eaux profondes présentent des concentrations de méthane allant de 8 à... 1 400 fois la moyenne océanique ! Dans ces profondeurs qui ne dépassent pas 50 mètres, ce satané méthane n'a pas le temps de s'oxyder sous forme de CO_2 dans la colonne d'eau et débarque dans l'atmosphère au mieux de sa terrible forme. Ce qui s'échappe aujourd'hui des mers des Laptev et de Sibérie Orientale est l'équivalent de l'ensemble du relargage de méthane par tous les océans du monde.

Mers des Tchouktches, de Sibérie Orientale, des Laptev, ces seules mers pourraient laisser filer 50 milliards de tonnes de méthane et bouleverser en l'empirant nettement le scénario climatique qui n'est déjà pas très engageant.

Les études dans ces mers perdues ne font que commencer. Comme tout processus scientifique, la marche vers la connaissance exacte sera longue, émaillée de discussions parfois véhémentes, d'observations innombrables, d'hypothèses et de réflexions avant que l'enchaînement logique des phénomènes ne soit indiscutable. Quand s'est enclenché ce phénomène ? Quelles sont exactement son étendue et sa contribution au climat ? Quelles sont les conditions de son apparition et de son évolution ? Y a-t-il des facteurs aggravants ou limitants ? Et toutes sortes d'autres interrogations complexes.

Un jour, les noms insolites de ces petites mers seront peut-être familiers aux hommes du monde entier qui s'informeront de leur état de santé : « Alors, elles bouillent toujours ? »

III

RÉCHAUFFEMENT CLIMATIQUE : VERS L'INIMAGINABLE ?

Tout change, et vite. Depuis notre satellite, celui où nous avions imaginé d'embarquer pour observer l'Arctique, la bassine va bientôt sembler vide. Si, depuis 1950, la température moyenne de la planète a augmenté de 0,6 °C, celle de l'Arctique a enregistré + 2,1 °C. Les prévisions du GIEC (Groupement international d'experts sur l'évolution du climat) varient entre + 2 °C et + 4 °C pour l'ensemble de la Terre, mais de + 6 °C à + 10 °C pour l'Arctique. En trente ans, la surface de la glace, dans le Grand Nord, a diminué de 30 % en été et de 8 % en hiver. Son épaisseur moyenne est passée de 3 mètres à 1,5 mètre. La glace pluriannuelle a également chuté, passant de 90 % dans les années 1980 à moins de 20 %, cantonnée maintenant le long de l'archipel canadien. Or c'est elle la plus résistante au réchauffement car elle fond moins vite que la glace de première année.

Cette « exception arctique », due en grande partie à la diminution de l'albédo, est amplifiée par la libération du méthane. S'en mêlent également les polluants dits réchauffants, qui se décomposent pour former de l'ozone, et le « carbone noir » en provenance du trafic maritime local ou de l'industrie, du transport, du chauffage et de l'agriculture dont les poussières sont véhiculées par les courants d'altitude vers le pôle.

Les scientifiques s'attendent à une disparition de la banquise d'été entre 2020 et 2030, en prélude à la déstabilisation de celle d'hiver qui prendra, un jour plus lointain, le même chemin.

Le passage du Nord-Est, avec ses faibles profondeurs, est aux premières loges ; l'extension et la durée annuelle de l'épisode glaciaire y sont remarquablement raccourcies. L'allongement de la durée pendant laquelle les eaux sont libres, l'augmentation de la distance entre la côte et le bord de la glace sont autant d'atouts pour la navigation, la pêche et l'exploitation *offshore*, mais signeront la fin de l'ours blanc ou du morse. Bien entendu, la situation varie selon les années. 2012 fut une année record de fonte, 2013 au contraire a vu des bouchons de glace persister tard dans la saison en Sibérie comme au Canada.

À grande échelle, la diminution de la banquise agira sur les courants océaniques, mais aussi sur l'atmosphère en ralentissant la circulation des jets de haute altitude. Ce phénomène se traduira par une augmentation des événements exceptionnels (vagues de froid ou de chaleur, sécheresses ou inondations) à nos latitudes moyennes. Pour le continent européen, il en résultera quelques désagréments, mais à l'échelle de la petite bassine arctique, le bouleversement s'annonce majeur. Certes, cet océan n'a pas toujours été gelé. Il y a 60 millions d'années, on s'y serait baigné en maillot de bain dans une eau à 24 °C. Ce n'est qu'à partir du miocène (13 millions d'années) qu'est apparue la banquise pérenne. La température a connu des fluctuations historiques, comme l'optimum médiéval ou le petit âge glaciaire, mais les écarts de température n'ont jamais dépassé 1 °C par rapport à l'époque actuelle. C'est donc une ère totalement différente à l'échelle historique qui s'ouvre. La rapidité du changement pose problème, en ne donnant pas aux espèces le temps d'évoluer. L'appauvrissement radical de la biodiversité, spécifiquement polaire, est prévisible.

Le réchauffement de l'Arctique aura d'autres conséquences. L'une des premières, due en particulier à la fonte de la calotte groenlandaise, sera une augmentation du niveau de la mer qui pourrait atteindre un mètre à la fin de ce siècle. Cette tendance se conjuguera avec la diminution de la banquise qui protégeait les côtes de l'érosion. Les Américains ont répertorié cent quatre-vingt-quatre villages menacés dans leur Grand Nord, qu'il faudra déménager. Le réchauffement global déstabilise également le pergélisol. Les voies de communication terrestre et les constructions deviennent instables, sur un sol rendu mou.

En ce qui concerne la navigation, la disparition de la banquise d'été ouvrira le transit et le fameux passage du Nord-Est, au-delà des 200 milles de la ZEE. La possibilité d'une route directe transpolaire se dessine, au détriment de la Russie et pour le bénéfice de l'Islande qui pourrait devenir un hub de répartition entre l'Amérique et l'Europe.

L'évolution de la pêche est plus incertaine. La productivité de l'Arctique central, pour le moment très faible, pourrait augmenter sous l'effet du réchauffement et de la diminution de la glace qui fait obstacle à la lumière. Mais les grandes profondeurs du centre du bassin polaire ne sont pas des espaces favorables à la prolifération des espèces. De l'accessibilité géographique ne découlera pas l'augmentation des ressources commercialisables. Globalement, les espèces inféodées aux faibles températures disparaîtront au profit de celles qui remontent du sud. Mais d'autres modifications collatérales interviendront, comme l'acidification du milieu, le largage massif des polluants piégés aujourd'hui dans la glace, l'arrivée d'espèces ou de vecteurs de maladie invasifs. Personne ne peut prévoir la résultante de ces phénomènes, mais, à coup sûr, la vie dans les mers arctiques sera radicalement différente.

L'accès touristique au Grand Nord sera facilité par le réchauffement, mais il n'est pas sûr que les paysages restent aussi vendeurs. Quel attrait auront des mers sans mammifères marins, ours, morses, ni icebergs, et des terres où les glaciers seront remplacés par des sols chauves ou de la toundra ?

Quant à l'exploitation du sous-sol marin, la question se pose à peine. Les ressources colossales détectées en matière pétrolière et gazière sont à de faibles profondeurs et dans les ZEE des pays riverains, à portée de main. Pour le moment, leur exploitation est retardée par l'incapacité d'assurer les forages dans des conditions acceptables de sécurité pour les hommes et l'environnement, mais ce n'est qu'une question de temps. Le champ des possibles prospections ne cesse de s'élargir au fur et à mesure que le réchauffement s'affirme. Reste à savoir à quel prix pour l'environnement, et donc pour l'homme, l'exploitation se fera. Les ressources profondes, tant d'énergies fossiles que de minerai, sont mal connues et se trouvent en partie dans des zones de haute mer dont la gouvernance n'est pas précise à ce jour. Mais elles existent et feront l'objet d'âpres convoitises.

Le réchauffement climatique est, dès aujourd'hui, l'événement majeur qui va bouleverser l'Arctique, tant par son accessibilité nouvelle que par la révolution de sa biodiversité. Les pays riverains et particulièrement la Russie, qui occupe la moitié du linéaire côtier et un large plateau peu profond, favorable aux implantations humaines, joueront les premiers rôles.

SEPTIÈME PARTIE

Des risques et de leurs conséquences

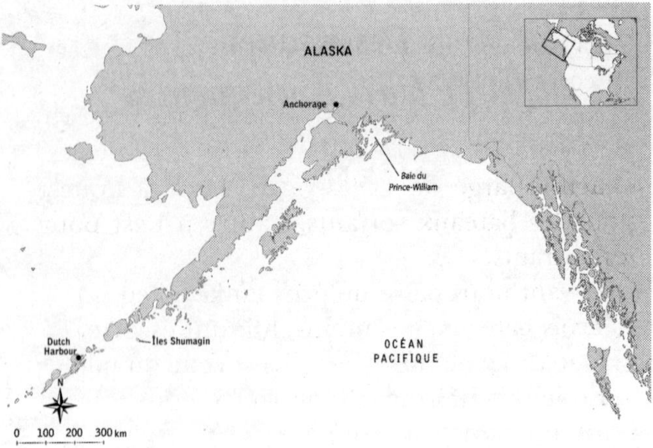
ALASKA
Anchorage
Baie du
Prince-William
Dutch
Harbour
Îles Shumagin
OCÉAN
PACIFIQUE
N
0 100 200 300 km

I

BAIE DU PRINCE-WILLIAM (ALASKA)

60° 53' N ; 146° 58' O

La baie du Prince-William est un joyau sauvage au cœur de l'Alaska.

Nous traversons le « rail » de Valdez, ce *Traffic Separation Scheme* qui délimite deux voies, chacune large de 1 500 yards, l'une à l'ouest pour les bateaux sortants, l'autre à l'est pour les entrants.

Devant nous passe un gros tanker bleu.

Trois bateaux, pas moins, lui font escorte.

Une toute petite vedette, c'est celle du pilote.

Et deux remorqueurs, un rouge pour son tribord, un jaune à sa poupe.

Telles sont maintenant les réglementations.

Pour éviter que ne se reproduise le drame. Le 24 mars 1989, peu après minuit, le pétrolier *Exxon Valdez* s'échouait sur Bligh Reef. De sa coque déchirée allaient s'échapper 250 000 tonnes de pétrole brut arrivé par pipeline de Prudhoe Bay et qu'il venait de charger à Valdez.

Aujourd'hui le temps est calme. L'île de Bligh est bien visible et, devant elle, il y a tout l'espace qu'on veut pour naviguer. Comment le capitaine Hazelwood a-t-il pu conduire son navire sur ce récif ? Même s'il n'était pas signalé, comme maintenant, par une balise…

On a beau se proclamer ami de la raison et ne pas croire aux revenants, il faut bien se rendre à l'évidence : l'air est différent au-dessus des champs de bataille comme des lieux de naufrage. Il y demeure le souvenir des drames passés.

Présents sur le site, nous tentons de comprendre l'incompréhensible.

1. Avant d'embarquer, le capitaine avait longuement honoré de sa présence le bar du port le plus apprécié des marins, le *Pipeline Club.*

2. 21 h 21. L'*Exxon* largue les amarres. Hazelwood, présent sur le pont pour le départ, ne tarde pas, contre les usages, à descendre retrouver sa couchette. Le bateau est sous la responsabilité du pilote du port.

3. 23 h 21. Les difficultés sont passées (les « *narrows* », un goulet entre les deux avancées de terre qui protègent le port). Le pilote rappelle Hazelwood pour lui transmettre le commandement. Le bateau se trouve bien à sa place, dans le rail, sur le couloir ouest. Il file déjà 14 nœuds.

4. 23 h 30. Hazelwood annonce au garde-côte que, pour éviter un iceberg sans doute détaché du glacier Columbia, il va emprunter le couloir est, puisque aucun bateau entrant ne se présente. Cette décision prise, il confie la barre au troisième maître Gregory Cousins et… retourne se coucher.

Longtemps après les faits, on pouvait croiser à Anchorage l'ex-capitaine Hazelwood. Il parlait d'écologie dans les écoles, de la nécessité de protéger la nature. Ou il aidait à repeindre la façade de la mairie.

Aujourd'hui, dans la baie du Prince-William, il ne reste plus de traces visibles de l'accident. Comme si la mer avait tout lavé.

La seule conséquence apparente c'est la relative opulence des rares villages installés sur le Sound. Tatitlek se trouve sur l'île de Bligh, juste de l'autre côté du naufrage. Les quatre-vingts habitants déclarent vivre de la pêche. Toutes les maisons sont neuves et pimpantes, chauffées au gaz et surmontées de paraboles. Et qui a financé la grande école flambant neuve et les glissières le long des deux rues du village, et l'aéroport (un vol chaque vendredi) et le ponton (métal et ciment) du ferry, et le 4×4 GMC des pompiers ?

Toutes ces aménités sentent la subvention.

Appui du gouvernement à la communauté native, les Chugachmiut ?

Ou dédommagement de la société Exxon, après les innombrables jugements la condamnant ?

Quelle qu'en soit l'origine, les gens de Tatitlek prennent avec gratitude ces bienfaits et en remercient Dieu le dimanche. Pour prier, ils ont le choix entre l'imposante église orthodoxe, grise à toit et bulbes vert turquoise, et une maisonnette qui abrite les baptistes. Ils chantent le gospel, vous êtes les bienvenus, un guide de chansons vous sera offert.

Comment ne pas penser aux futures fortunes de mer de la nouvelle route ?

Un jour ou l'autre, un navire touchera un rocher ou sera pris par la glace. Un jour ou l'autre, des matières malfaisantes s'échapperont d'une coque : comment contenir ces marées noires, loin, si loin de tout port doté des moyens nécessaires ? Et comment venir en aide aux marins, loin, si loin de tout ?

II

UNE CHANCE SUR CINQ ?

Le 19 juillet 2012, le *Nome Nugget*, qui s'honore d'être le plus ancien quotidien d'Alaska, rapportait en pages intérieures les ennuis d'une plateforme de forage de la compagnie Shell, le Noble Discoverer. Elle patientait dans le port de Dutch Harbour (Aléoutiennes), attendant de bonnes conditions de glace pour faire route vers les mers des Tchouktches et de Beaufort. Certes, ce jour-là, les vents soufflaient à 30 nœuds, mais les parages sont coutumiers de bien pire et le port protégeait de la houle. Le journal rapportait sans s'émouvoir que la plateforme avait failli s'échouer (en fait, nul n'a l'air bien sûr de savoir si elle a touché le fond ou pas) à proximité de l'île d'Unalaska. Aucun blessé, ni pollution, se réjouissait la publication. Les lecteurs seront heureux d'apprendre que l'Agence pour l'environnement va étudier les propositions de Shell pour remédier à ce type de situation.

Quatre mois plus tard, le Noble Discoverer subissait une explosion et un incendie, avec une défaillance du système de contrôle de la pollution. Là non plus, ni blessé, ni dégâts environnementaux.

L'année suivante, en cours de remorquage, la plateforme Kulluk de la même société Shell cassait ses amarres dans une tempête et terminait sa course à quelques centaines de mètres de l'une des îles du sud du golfe d'Alaska. Que croyez-vous qu'il advint ? Ni blessés, ni pollution !

Le Bureau of Ocean Energy Management, l'agence US qui délivre les permis de forage et ne peut être suspectée de pactiser avec les ONG environnementalistes, estime à une sur cinq la possibilité d'une pollution majeure suite aux concessions délivrées dans l'Arctique américain. Le même bureau envisage que 61 000 barils se déverseraient chaque jour dans la mer si un puits explosait. La compagnie Shell indique qu'elle mettrait trente-huit jours à forer un puits de secours alors qu'il lui en a fallu quatre-vingt-cinq dans le golfe du Mexique, infiniment plus accessible et moins dangereux. En admettant qu'elle montre la même célérité que pour Deepwater Horizon, ce qui serait déjà un exploit, plus de 800 000 tonnes de pétrole se répandraient dans l'Arctique.

Plus vraisemblablement, les conditions d'intervention au milieu des glaces, du brouillard, des tempêtes rendraient le travail irréalisable au cours d'un seul été. La nuit polaire venant, il faudrait se résoudre à laisser le puits fuir tout l'hiver, voire plusieurs années de suite.

La société Shell est présente depuis sept ans

dans les mers des Tchouktches et de Beaufort. Elle y a déjà dépensé 5 milliards de dollars. On comprend donc sa persévérance. Mais au vu des accidents de 2012 et 2013, elle a suspendu ses opérations dans l'Arctique en 2014.

Christophe de Margerie, patron de Total, a déclaré en 2013 qu'il n'était pas raisonnable de chercher du pétrole dans les mers arctiques. Statoil, la compagnie norvégienne, a suspendu *sine die* ses opérations prévues en 2014.

En bref, les compagnies commencent à comprendre qu'aucune technologie actuelle ne permet de faire face à un désastre environnemental dans les conditions polaires.

Pour autant, les puits déjà forés dans les mers de Béring, de Kara ou de Beaufort continuent à fonctionner, et la prospection bat son plein.

Quant aux techniques de nettoyage, elles sont inapplicables. L'*Exxon Valdez* a craché 40 000 tonnes de pétrole polluant 2 000 kilomètres de côtes. Moins de 10 % ont été récupérés malgré les norias de navires mobilisés. Les dispersants chimiques ou le nettoyage par eau chaude pressurisée ont été à peu près aussi nocifs qu'efficaces, même s'ils ont facilité la dilution d'une partie du brut et sa dégradation progressive par les bactéries marines. Aujourd'hui, vingt-cinq ans après, si en surface rien ne subsiste de la pollution, des poches de pétrole sont toujours enfouies dans les sédiments, provoquant la contamination des organismes benthiques et de la chaîne alimentaire.

Au pire de la crise, on a comptabilisé 250 000 oiseaux morts, un tiers (1 000 animaux) de la population d'otaries, sans oublier les poissons et organismes marins victimes d'empoisonnement ou de faim par disparition des proies. Via les contaminations alimentaires, la mortalité s'est étendue aux animaux terrestres, ours et aigles par exemple.

Les produits pétroliers sont des poisons directs. Même à très petites doses, ils affectent le système hormonal, provoquant des baisses de fertilité et de résistance aux maladies, des anémies et des cancers. Les conséquences se font donc sentir à long terme et le golfe d'Alaska n'a pas fini de récupérer de la catastrophe, si tant est qu'il le fasse un jour.

Transposons cette séquence dans un environnement polaire :

— plus éloigné et plus dangereux ;

— dont les eaux glaciales et la faible luminosité empêchent toute évaporation mais rallongent les capacités d'adhésion du pétrole aux organismes vivants ;

— avec une couverture de glace qui rend le pétrole inaccessible et diminue l'effet dispersant des vagues ;

— avec des brouillards arctiques qui disséminent les vapeurs et les propagent sur terre et sur mer ;

— auprès d'espèces à taux de reproduction très lent…

La catastrophe sera totale, irrémédiable et incommensurable.

Même sans envisager l'explosion d'un puits, la fréquentation accrue des navires et des plateformes va représenter un danger permanent. Elle se traduit obligatoirement par des pollutions accidentelles, certes moins dramatiques, mais qui affectent peu à peu l'environnement. L'équation est simple : plus de navires égale moins de vie.

« Plus jamais ça ! » ont scandé nombre de manifestants anti-marée noire. « Jamais dans l'Arctique », clament les ONG de défense de l'environnement. Mais les ressources sont si immenses, si tentantes… Nos sociétés arrivent au bout de leur schizophrénie : il va falloir choisir entre protéger l'Arctique, sa vie, ses habitants, ou assumer notre dépendance au pétrole.

HUITIÈME PARTIE

Les copropriétaires et la mondialisation (Petite introduction à la géopolitique arctique)

I

MIKHAÏL GORBATCHEV ET MICHEL ROCARD : LES LIMITES DU CONSEIL DE L'ARCTIQUE

Le 18 mars 2009, Michel Rocard, à soixante-dix-huit ans, est nommé en Conseil des ministres ambassadeur de France pour les négociations relatives aux pôles Nord et Sud.

Cette nouvelle mission ne surprit que les ignorants ou les oublieux : ceux qui ne voulaient pas ou plus savoir le rôle majeur que cet homme avait joué dans le sauvetage du continent antarc tique.

Remontons quelque peu le temps. Le 1er décembre 1959, le traité de Washington avait décidé de protéger ce continent immense et fragile en le déclarant bien commun de l'humanité. Seules y seraient dorénavant autorisées les campagnes scientifiques. Une cinquantaine de pays avaient fini par rejoindre les douze premiers pays signataires. Mais les années avaient passé. Des appétits s'étaient réveillés. Et de plus en plus de voix s'élevaient : pourquoi ne pas admettre l'exploitation de tant de ressources ? Trois hommes s'unirent pour lutter contre cette avidité : le Premier ministre de l'Australie, Robert Hawke, le cinéaste et commandant Jacques-Yves Cousteau et Michel Rocard, le chef de la bande, alors Premier ministre de la France. Grâce à leur combat, il fut décidé, en 1991, à Madrid de signer un protocole protégeant le continent de toute exploitation jusqu'en 2048.

Nous voici en juillet 2014. Michel Rocard est toujours ambassadeur. Toujours aussi ardent défenseur des pôles. Et toujours consommateur aussi frénétique de cigarettes.

Dans un nuage de fumée, il nous fait part de ses indignations multiples.

Cette fois, c'est l'Arctique qui, plus que menacé, va vers sa disparition. Tandis que les nations avancent leurs pions et déjà se déchirent pour prendre la meilleure part des richesses qui ne manqueront pas de devenir accessibles.

Un traité, comparable à celui de Washington, aurait garanti l'ordre et la mesure. Personne n'en a voulu. Il faut se contenter d'un Conseil, que notre interlocuteur juge bien insuffisant, étant donné les enjeux planétaires, notamment climatiques.

De nouveau, il faut revenir en arrière.

Le 1er décembre 1987, à Mourmansk, Mikhaïl Gorbatchev, alors président de l'Union soviétique, propose de faire de l'Arctique une zone de paix, libre d'armes nucléaires, lieu de coopération économique et de protection concertée de l'environnement, pour développer les échanges et ouvrir de nouvelles routes maritimes.

Discours révolutionnaire !

Il faut se rappeler que cette région a été l'un des théâtres les plus actifs de la guerre froide. Des sous-marins nucléaires n'arrêtaient pas de se croiser sous la glace. Et c'était l'endroit de la planète, après le détroit de Béring, où la distance était la plus faible entre les grands ennemis… Le trajet idéal pour des missiles éventuels. Il ne leur faudrait pas plus de vingt minutes pour toucher l'adversaire.

La diplomatie a ses lenteurs et ses prudences. En outre, l'histoire avait occupé les esprits à d'autres petites tâches, par exemple gérer les conséquences en Europe de l'effondrement du mur de Berlin…

En 1991, un accord voit le jour avec le seul environnement pour objet.

Il faut attendre 1996 et la déclaration d'Ottawa pour que les huit pays riverains décident de créer un Conseil de l'Arctique : le Canada, le Danemark, les États-Unis, la Finlande, l'Islande, la Norvège, la Suède et la Russie sont membres de plein droit de ce Conseil. Six associations de populations autochtones de la région les rejoignent en tant que « participants permanents ». Des « observateurs » seront admis, avec réticence et à condition qu'ils ne s'avisent pas de déranger. Ce sont l'Allemagne, la Chine, la Corée du Sud, l'Espagne, la France, l'Inde, l'Italie, le Japon, les Pays-Bas, la Pologne, le Royaume-Uni et… Singapour, toujours présent quand les enjeux le méritent.

La Communauté européenne fut longtemps refusée à cause de sa défense des bébés phoques, jugée insultante et méprisante des traditions. La Croix-Rouge, le Croissant-Rouge, le WWF et d'autres ONG ont également obtenu ce statut subalterne d'observateur.

Certains ont parlé du Conseil comme d'un « syndicat de copropriétaires ». Les simples locataires ou les voisins n'ont pas voix au chapitre.

La présidence est actuellement exercée par le Canada.

Les objectifs retenus ont été choisis pour ne fâcher personne. Ils concernent « une exploitation responsable des ressources », la sécurité de la navigation commerciale et le développement de « communautés circumpolaires durables ». La Russie a voulu y ajouter l'équilibre entre les nécessités de la croissance économique et le respect des modes de vie traditionnels.

Comme on le constate, le Conseil évite soigneusement d'évoquer les sujets sensibles.

Lesquels ne manquent pas.

La Russie multiplie les signaux et les actes de militarisation dans la zone. Manœuvres militaires (parachutages, patrouilles aériennes), reconstruction des installations dans toutes les îles (Wrangel, Nouvelle-Sibérie, Nouvelle-Zemble, archipel François-Joseph…), commande de nombreux bateaux dont des sous-marins de nouvelle génération (sous-marins d'attaque et lanceurs d'engins), grand programme de modernisation des missiles Boulava… La base sous-marine du Nord, près de Mourmansk (Severomorsk), semble en cours de réhabilitation complète.

Dans le même temps, le Canada, présentement dirigé par le Premier ministre conservateur Stephen Harper, couramment surnommé « le Bush du Nord », réaffirme sa volonté de réinvestir la partie arctique de son territoire. Un projet de route entre l'intérieur du pays et la côte a été relancé. Un centre de formation des forces armées vient d'ouvrir à Resolute Bay, comme pour bien verrouiller le passage du Nord-Ouest.

La situation de la Norvège est plus délicate car plus ambiguë, donc plus intéressante à analyser.

Avec la Russie, elle partage plus qu'une frontière commune : les deux pays ont nombre d'intérêts communs, dont la pêche, l'exploration et la gestion des champs pétrolifères dans la mer de Barents. L'ouverture de la nouvelle route maritime accentue encore cette communauté.

Mais le cœur de ces relations, c'est la prudence du plus petit. Quand la géographie vous a placé si près d'un voisin si puissant et si volontiers dominateur, le réalisme vous impose de ne pas lui donner trop de motifs d'agacement. L'exemple de la Finlande est là pour vous rappeler qu'à vouloir jouer avec le feu, on se retrouve bientôt envahi, malgré une résistance héroïque.

Telle est la simple raison pour laquelle la Norvège, pays de bon sens, s'est toujours évertuée à se tenir à égale distance de l'Est et de l'Ouest. Depuis toujours, elle pratique avec talent cette sorte de danse qui s'apparente à de l'équilibrisme.

Hélas, l'affaire ukrainienne est arrivée.

Et la Norvège se retrouve bien embarrassée.

Comment conserver le bel équilibre de votre politique étrangère lorsque vous vous retrouvez, en pleine crise, à la tête de l'OTAN (en la personne de Jens Stoltenberg, nouveau secrétaire général de l'Organisation) ?

Et comment continuer, au sein du Conseil de l'Arctique, à seulement parler de la pluie et du beau temps, de la glace et des ours blancs ? En d'autres termes, comment espérer garder la sérénité au sein du club ?

Le « syndicat des copropriétaires » croyait pouvoir isoler sa région et ses problèmes du reste de la planète.

Cette illusion ne pouvait durer.

Les événements ukrainiens et l'enchaînement de leurs conséquences servent de révélateur.

Déjà les batailles à fleurets de moins en moins mouchetés pour la liberté des routes maritimes et pour le contrôle des matières premières prouvaient l'implication de tous les pays, et pas seulement des riverains, dans les affaires du Grand Nord. La conférence mondiale sur le climat, à l'automne 2015, aura au moins le mérite de rappeler, quels que soient ses autres résultats, le rôle clé des pôles dans la fabrication du climat planétaire.

Nous sommes tous des « *Arctic users* », des utilisateurs de l'Arctique, et aussi ses protecteurs ou ses destructeurs du seul fait de notre rôle dans le réchauffement.

II

UN EXEMPLE D'AMBITION ARCTIQUE : REYKJAVIK

L'intérêt passionné de l'Islande pour la nouvelle route se comprend. Éloignée de toute côte, perdue au milieu de l'Atlantique Nord, en seule compagnie de ses volcans et de ses glaciers, l'île doit toute son histoire à la venue de bateaux étrangers. 350 ans avant Jésus-Christ, des Grecs la découvrent et la nomment « Ultima Thulé », l'extrémité de leurs cartes.

Onze siècles plus tard, un moine irlandais amateur de solitude vient y prier quelque temps. Il ne craint pas d'être dérangé : cette grande terre est toujours vide d'êtres humains. Puis viennent s'installer les premiers vrais habitants, des Norvégiens chassés de leur pays par divers troubles politiques. Puis les Vikings débarquent et ravagent, comme à leur habitude. Les malheurs venus d'ailleurs ne sont pas finis : en 1627, des navires étranges surgissent à l'horizon. Le temps de s'étonner, deux cent soixante Islandais sont emportés… jusqu'à la bonne ville d'Alger pour y être vendus comme esclaves. Les pirates barbaresques avaient encore frappé.

Durant la Seconde Guerre mondiale, l'Allemagne envahit le Danemark qui alors régnait sur l'Islande. Profitons de l'occasion, se dit l'Islande. Je proclame en même temps mon indépendance et ma neutralité. Les Britanniques ne l'entendent pas de cette oreille. Ils décident de s'implanter, plutôt que de laisser aux nazis cette proie trop facile car dépourvue de toute défense militaire. Les Américains prendront le relais et ne quitteront leur base (géante) qu'en 1996.

On voit que l'éloignement de l'endroit n'a pas garanti la tranquillité si chère à notre ami du IXe siècle, le moine irlandais !

Dominant le port et toisant la mer, fierté de Reykjavik, le tout nouveau palais des congrès en même temps que salle de concerts n'a pas eu non plus la vie facile. Les autorités avaient vu grand et confié le projet à une gloire de l'architecture. L'objectif inavoué était de bâtir l'équivalent nordique de l'Opéra de Sydney. La crise financière de 2008 faillit arrêter pour toujours le chantier : le budget national, en faillite, avait d'autres urgences que celle de bâtir des symboles de réussite. Le plus dur étant passé, au prix d'une terrible cure d'austérité, les travaux reprirent. Aujourd'hui, ce gros cube noir un peu disloqué, éclairé de couleurs qui changent en permanence, indique à tous le retour de l'Islande à l'optimisme et à l'ambition.

Ólafur Ragnar Grímsson préside le pays depuis… 1996. Inlassablement, il s'acharne à changer en opportunité son éloignement géopolitique. Quand le Créateur ou le Destin vous a placé loin de tout, c'est-à-dire à la jonction de beaucoup d'univers, n'est-ce pas votre rôle, et votre seule chance, d'organiser des contacts ? N'est-ce pas ici même, à Reykjavik, dans la maison Höfoï, qu'en 1986 s'amorça la fin de la guerre froide, Ronald Reagan et Mikhaïl Gorbatchev ayant accepté de se rencontrer ?

C'est dans cet esprit que, pour la première fois, se réunit le 12 octobre 2013 le Cercle arctique. Mille personnalités venues de quarante pays. Politiques et savants, patrons d'entreprises et membres d'organisations non gouvernementales, journalistes et représentants de communautés indigènes. Tous impliqués, d'une manière ou d'une autre, dans le développement de l'Arctique. Et réunis avec un seul mot d'ordre : dialoguer, échanger les expériences, créer pour le Grand Nord l'équivalent de Davos.

La biodiversité humaine est bien représentée. Au cocktail de bienvenue, on peut croiser verre à la main des Lapons en costume national (bleu et rouge), un ancien Premier ministre français, présentement ambassadeur pour les pôles (Michel Rocard), une très jolie jeune femme blonde, PhD dans la physique des lasers et végétarienne prosélyte (Ekaterina Sokolova), le quasi-pape des Inuit (Aqqaluk Lynge), le président du GIEC (Rajendra K. Pachauri), le patron de Google (Éric Schmidt), une sénatrice de l'Alaska, un organisateur de croisières dans les latitudes extrêmes mais toujours-respectueux-de-l'environnement (Sven Olof Lindblad), un armateur chinois (qui se révélera par la suite propriétaire de 740 bateaux), une responsable de la stratégie dans un groupe qui va poser un câble sous-marin (fibre optique) entre l'Europe et le Pacifique, via le passage du Nord-Ouest, entre Canada et banquise, un artiste et musicien, parti l'année dernière en Antarctique pour en recueillir des sons (Paul D. Miller), un Sud-Africain très dynamique, par ailleurs président de Greenpeace, bien décidé à interpeller les Russes présents afin qu'ils libèrent ses militants emprisonnés pour avoir osé déployer une banderole sur une plateforme pétrolière en Arctique.

D'ailleurs, voici que s'approche, barbe en avant, Artur Chilingarov, une légende vivante de l'exploration polaire, héros de l'Union soviétique pour avoir arraché aux glaces le navire de recherche *Mikhaïl Somov.* Cette fois, le dialogue restera court entre les Verts et ce héros. Mais le forum dure encore trois jours.

Et tous se réjouissent de pouvoir ensemble parler d'Arctique, en sortant du cadre imposé et forcément limité des innombrables réunions par toutes sortes de corporations, surtout celles de savants.

Rien à voir avec les sessions du Conseil de l'Arctique où l'on tente de régler, entre représentants officiels des huit pays riverains, les problèmes de cette région du monde si particulière.

Le lendemain, après la farandole des lectures de prompteurs (des messages de soutien envoyés par vidéo par Hillary Clinton, Albert II, Ban Ki-moon, Al Gore…), l'intervention de l'ambassadeur Anton Vassiliev douche, pour un temps, l'ambiance. La Russie étant la nation largement dominante de l'Arctique, elle ne laissera personne s'immiscer dans sa souveraineté. Elle n'a pas de conseil à recevoir, notamment en matière de respect de l'environnement. D'ailleurs, elle a l'honneur d'annoncer que dès le mois prochain une plateforme pétrolière construite dans la zone commencera à produire.

Ce coup de froid ne dure pas.

Le moment d'après, on revenait à la concorde, à la nécessité, sans cesse réaffirmée, de la coopération.

Qu'un grand nombre de Chinois participent activement à la conférence, qui s'en étonnerait ? C'est à la Chine que la nouvelle route va profiter. Aujourd'hui séparée de ses principaux clients et fournisseurs par quatre bonnes semaines de mer, elle peut trouver une position beaucoup plus centrale et mériter plus que jamais l'appellation qu'elle se donne d'empire du Milieu. On voit s'affairer partout les armateurs de Shanghai et de Hong Kong.

Et il se dit dans les couloirs que des investisseurs de Pékin offriraient 5 milliards de dollars pour prendre le contrôle du futur port de Reykjavik, celui qui se veut le hub du Nord.

Mais que vient faire l'Himalaya dans ces questions arctiques ? Pourquoi chaque orateur chinois y fait-il référence, comme si la consigne en haut lieu avait été donnée ?

La réponse me viendra en assistant à la *break out session* d'« *Arctic lessons for the Himalayan third pole region* », *by invitation only*.

Trois heures durant, des experts venus d'Inde, du Pakistan, du Népal, du Bhoutan discuteront avec les collègues chinois des meilleures méthodes pour exploiter, sans trop les ravager, les régions glacées.

Pour la Chine, il n'y a pas deux mais trois pôles. À bien y réfléchir, c'est vrai que l'Arctique et l'Himalaya se ressemblent :

— une région stratégique ;

— riche en matières premières ;

— une réserve de glace sensible elle aussi au réchauffement et dont l'importance est capitale pour le climat de la planète mais surtout pour le régime des fleuves asiatiques : un être humain sur deux boit de l'eau qui vient du Tibet ;

— un milieu d'une extrême fragilité.

Et maintenant, que vient faire à Reykjavik ce vice-ministre singapourien ? En quoi l'Arctique concerne-t-il les habitants de l'autre côté de la Terre ?

En dix petites minutes, il nous donne la plus efficace des leçons de mondialisation, en même temps qu'une nouvelle preuve de la rare capacité de ce minuscule État à voir loin.

Un. Le réchauffement touche la planète, avec l'une de ses conséquences : la montée de la mer. D'ores et déjà, nous envisageons d'élever notre ville de 1,50 mètre.

Deux. L'ouverture de la route du Nord nous privera forcément d'une partie du trafic qui fait vivre notre port. Ne pouvant aller contre l'évolution de la géographie et ne disposant toujours pas de matières premières, notre seule ressource est notre compétence maritime.

Sur l'écran paraissent les coordonnées de toutes les sociétés singapouriennes pouvant rendre des services à des armateurs de l'hémisphère Nord. D'après mes informations, le vice-ministre est reparti pour Singapour en ayant noué dix-huit contacts.

La nouvelle route est aussi celle des touristes. Jusqu'à présent, la région n'est parcourue que par des bateaux de taille modeste. L'arrivée de navires géants suscite chez les professionnels beaucoup d'inquiétudes.

Comment garantir leur sécurité sur des routes aussi dangereuses et lointaines ? Comment, en cas d'incident, assurer l'évacuation ? Combien de morts aurait-on dû déplorer si la catastrophe du *Concordia* s'était produite là-haut ? Et pour s'en tenir à l'environnement, le débarquement de ces milliers de passagers implique des installations forcément agressives pour l'environnement. De simples Zodiacs ne pourront plus les déposer en douceur sur les rivages.

« Madame la présidente ! »

À la réception donnée par l'ambassade de France, une dame vient d'arriver. On s'incline devant elle, on lui parle avec déférence.

« Madame la présidente… »

Elle explique que son institut pour la défense des langues, de toutes les langues, lui donne beaucoup de mal. « Moi qui croyais avoir bien mérité ma retraite… Mais ça ne fait rien, un jour, vous verrez, l'Unesco inscrira les langues, toutes les langues, au patrimoine de l'humanité. » Madame la présidente parle doucement, avec l'autorité tranquille de qui sait se faire entendre… même si, pour l'heure, les financements tardent à venir. Elle n'est plus jeune. Mais on jurerait qu'elle ne vieillira plus. Passé quatre-vingts ans, certains êtres, hommes ou femmes, atteignent un plateau de l'âge où ils vont garder longtemps leurs forces, leur rayonnement et leur beauté.

Madame la présidente…

Le premier conseiller nous glisse son nom, Vigdís Finnbogadóttir.

Alors seulement, la mémoire nous revient. Avant d'animer cet institut linguistique, cette dame a présidé l'Islande, rien de moins, de 1980 à 1996. Première femme chef d'État dans l'histoire de notre planète misogyne.

« Savez-vous, demande-t-elle, que l'islandais est le latin de toutes les langues de la région, le norvégien, le suédois, le danois ? Elle est l'origine et le socle. Si nous la laissons disparaître, c'est tout un monde qui s'en ira avec elle. Je suis certaine qu'à votre conférence vous avez juré de défendre la biodiversité. Mais qui s'est préoccupé de l'extinction des langues ? À quoi ressemblera la diversité si nous ne la voyons plus qu'avec un seul regard ? »

L'occasion est trop belle de l'interroger sur la nouvelle route.

Elle sourit tristement.

« Mes compatriotes sont incorrigibles. Hier, ils ont cru devenir riches grâce aux banques. La bulle a éclaté. Ils ont presque tout perdu. Aujourd'hui, ils ne pensent qu'aux fortunes qu'ils vont gagner en accueillant des milliers de bateaux chinois. J'ai peur qu'ils ne soient de nouveau déçus. Les bulles se suivent, la bulle géographique après la bulle financière. Et même si ce rêve se réalise, je crains pour l'équilibre de l'Islande. Aucune société ne résiste à de l'argent trop rapidement gagné. L'âme d'un pays est fragile, comme la glace. Comme le climat. »

La conférence durera deux jours encore.

Presque pas de débats.

Aucun cri d'alarme.

La détention en Russie des militants de Greenpeace semble avoir monopolisé l'attention et l'énergie des rares environnementalistes présents. La conférence flotte sur les songes de la prospérité future apportée par la nouvelle route. Un seul bémol.

Un homme se lève et, sans se présenter, s'exclame :

« Cette richesse que vous attendez, avez-vous oublié qu'elle a pour seul fondement le réchauffement, c'est-à-dire l'irresponsabilité de notre croissance ? »

Certaines erreurs offrent des opportunités imprévues. Mais ce genre de miracle ne se renouvelle pas. Un jour, il faut affronter la vérité. Et la vérité, c'est que nous allons dans le mur.

Conclusion

Conclusion

[illegible]

[illegible] imprimée par [illegible] et autres dragons asiatiques [illegible] tous ceux qu'au profit intéressé [illegible] quels que soient les [illegible] calculés. [illegible]

[illegible]

Telles sont les dernières nouvelles de la route maritime du Nord.

Cette route légendaire, toujours incertaine, toujours dangereuse, toujours russe quoique empruntée par de plus en plus de Chinois et autres dragons asiatiques, accueillant tous ceux qu'un profit intéresse et quels que soient les risques plus ou moins honnêtement calculés. Telle est cette route menaçant toujours plus des espaces naturels infiniment fragiles.

Cette route qui rétrécit le monde et raconte si bien la mondialisation, l'intensification du commerce et l'aggravation des conséquences de la frénétique activité humaine.

Jusqu'à présent, nos océans acceptaient deux catégories de routes : celles que décident les vents et les courants, et celles qu'imposent détroits et resserrement des terres.

En voici une troisième : les routes ouvertes par un bouleversement climatique qui s'annonce majeur à l'échelle historique.

Nous, pauvres petits êtres humains, terrorisés par tout et d'abord par notre propre disparition, nous acharnons à nous accrocher à cette idée illusoire : la permanence. À défaut de l'obtenir pour nous-mêmes, nous la rêvons pour nos pensées, nos actions, nos civilisations. Plus encore, nous la prenons pour évidente quand elle concerne la géographie, la biodiversité ou le climat. Nous aimerions croire, même si l'histoire nous prouve le contraire, que ce que nous connaissons durera toujours. Un bémol s'impose. Force est de constater, même si cela nous blesse, à l'ouest, que les Orientaux sont moins naïfs. Ne dit-on pas au Japon, avec une profonde sagesse, que « tout ce qui a une forme est appelé à disparaître » ?

Cette évanescence programmée s'applique à notre route du Nord. Elle n'était que l'obscur théâtre de quelques exploits polaires, et la voilà qui débarque au cœur de la géopolitique et de l'économie mondiale.

Comme chacun l'a compris, elle est fille du réchauffement.

Plus le fond de l'air gagne en degrés, plus la glace fond et plus s'ouvre une mer dont la couleur sombre accélère l'absorption de chaleur. S'arrêtera-t-il un jour, le Grand Méchant Réchauffement ?

Rappelez-vous. Dans cette extrémité de la terre, nous avons repéré non pas UNE route maritime mais TROIS. D'abord celle que nous,

Européens, appelons le passage du Nord-Ouest, au large du Canada, est la moins favorable, tant du point de vue de la topographie, de l'englacement que des infrastructures existantes. Deuxième route : celle qui nous a occupés tout au long de ces pages, la route qui longe la Sibérie.

En allant vers l'est, elle permet d'apporter à l'Asie les matières premières nécessaires à son développement.

Cette route n'a aucun souci à se faire.

La Chine, le Japon, la Corée, l'Inde, l'Indonésie… auront de plus en plus besoin des trésors contenus dans le sous-sol russe, particulièrement les hydrocarbures. La poursuite de leur croissance est à ce prix. C'est cela qui va faire sortir, pour le meilleur et pour le pire, la Sibérie de son isolement. Les rares ports existants vont devoir s'équiper, d'autres seront creusés. D'immenses travaux sont à prévoir. L'épicentre en est aujourd'hui la péninsule de Iamal et les embouchures de l'Ob et de l'Ienisseï, mais il va s'étendre au fur et à mesure des appétits.

Vers l'ouest, des navires transportent vers l'Europe les exportations asiatiques. Contrairement à l'enthousiasme des gazettes, le trafic ne s'accroît guère car les obstacles demeurent nombreux : des glaces encore présentes une bonne partie de l'année, le sous-développement (ou l'inexistence) de ports-abris, les fantaisies et la gourmandise de la bureaucratie russe…

Il y a une troisième route.

Et imaginez la plus probable des évolutions.

Le réchauffement se poursuit, la banquise continue de fondre.

Des glaces arctiques, il ne reste plus rien, au moins les mois d'été.

Dans ces conditions nouvelles, pourquoi perdre son temps et son argent à suivre l'interminable côte sibérienne ?

Pourquoi ne pas traverser tout droit, par le pôle, qu'aucune glace ne défend plus ?

Passer par la route maritime du Nord permettait de raccourcir le chemin entre Rotterdam et Yokohama de 40 % (20 600 kilomètres par Suez, 12 800 kilomètres le long des côtes sibériennes).

En passant par le pôle, on économise encore 1 000 kilomètres et de nombreux problèmes administratifs. Vous croyez que les armateurs hésiteront longtemps ?

À quelle échéance ? Les premiers rapports du GIEC situaient la fin de la banquise estivale à 2060. Mais la réalité dépassant la fiction, les prévisions ont été revues à 2025.

À peine découverte et juste empruntée, notre route maritime du Nord risque donc d'être délaissée.

Toute notre vie, l'émerveillement nous restera de notre navigation dans la mer de Weddell. À l'autre bout du monde, nous étions allés saluer le Grand Sud. Figurez-vous des icebergs de toutes tailles dansant, sur une musique connue d'eux seuls, un menuet très lent. Toute notre vie, nous garderons de ce spectacle un tenaillant sentiment de vulnérabilité. Les chemins du vent, les lits du courant sont moins éphémères que ceux de la glace.

Un jour, par grand beau temps et précisément 90° de latitude Nord, l'ultime ours blanc verra passer le premier cargo.

Cette route du Nord, à la croisée de traditions humaines et d'écosystèmes millénaires, résume les tensions qui travaillent notre planète. Comment exploiter les richesses minérales sans détruire le vivant ? Comment concilier le développement et la géostratégie, l'économique et le militaire ? Et pour traverser les régions de la Terre les plus sensibles au réchauffement. La route du Nord en devient la préfiguration. Elle ouvre l'avenir : celui que nous déciderons d'écrire.

DES MÊMES AUTEURS

Aux Éditions Paulsen

PASSER PAR LE NORD. La nouvelle route maritime, 2014 (Folio n° 6134)

Aux Éditions Stock

SALUT AU GRAND SUD, 2006 (LGF n° 30853)

Composition Nord compo
Impression Novoprint
à Barcelone, le 12 août 2019
Dépôt legal : août 2019
1er dépôt légal dans la collection : avril 2016

ISBN 978- 2-07-046873-7./Imprimé en Espagne.

361313